今さら聞けない
お金のギモンをスッキリ！なくす本

監修
株式会社 家計の総合相談センター
ファイナンシャルプランナー
森 朱美

ウィーン
月で一番嬉しい給料日〜
BANK
今日はパーッと買い物しちゃおう！
平松奈美（29）
文具メーカーの派遣社員。
ズボラでどんぶり勘定
あれも
可愛いワンピ♡
セールでおトク！
SALE!
ついでに…
おいしそう…
新商品
これも
セールでオトクに買えちゃった〜
あれ？
CAKE
礼子さん！
あら、久しぶりー!!
中谷礼子（31）
専業主婦。以前、奈美と同じ
会社で働いていた

このワンピ可愛い〜！
う、う〜ん…
うーん…
でも…やっぱりやめておこうかな
じゃあお茶でもしましょうよ！
CAFE…
お子さんおいくつですか？
2歳になったばっかりよ
もー手がかかっちゃって…
私も結婚したいな〜
子どもは2人ほしーー…
ママー
彼とはそろそろかなって思ってるんですけど
結婚すると色々大変よ
え？

最近、ママ友から色々な話を聞くんだけど…
こーなのよー
大変よ～
子育ては１人につき３０００万円もかかるって…
３０００万!?
２人なら６０００万!!?
ガッ
だから貯金しなくちゃって
あれこれ節約中なの…
は
……
礼子さん、大変そう…
……でも
人ごとじゃないよね
WEDDING….
BABY….
私だっていつか結婚したり子育てしたり…
OLD….
親の介護や老後の生活もある…

でも…それにいくら
かかるんだろう？
今日も買い物でお財布の中身全部使っちゃった…
ドン゛
貯金もしなくちゃと思いつつ
奈美の母↓
貯金してるの？
そのうちー
全然してないし
保険とか年金とかも気になるけどよくわからないし…
友達には話しづらい…
お金のことって誰に聞いたらいいの？
みんな、お金のこと…
うーあー
どうしているんだろう…

もくじ

第１章　お金のきほん

第２章　人生をつくるお金

第3章　もしもに備えるお金

第4章　賢く増やすお金

登場人物紹介

平松 奈美（29）

文具メーカーの派遣社員。服やお菓子が大好きで、毎月のお給料は何も考えずに使ってしまう、ズボラな性格。

中谷 礼子（31）

奈美と同じ会社で働いていたが、結婚を機に退職。今は夫と2歳の男の子と3人暮らし。マイホームに憧れている。

工藤 敦司（32）

奈美の彼氏。旅行会社のサラリーマン。貯金などはきちんとしているが、趣味の旅行や車にはつい大金を使いがち。

西野 裕也（30）

敦司の大学時代の後輩。ライターとして独立するのが夢。子どもの頃から心配性で、今から老後の生活を不安がっている。

森 朱美

家計の総合相談センターのFP（ファイナンシャルプランナー）。家計から資産運用まで、幅広く相談にのる。何事も「シンプルでバランスよく」がモットー。

第1章

お金のきほん

休日
奈美のマンション
おっ この温泉いいじゃん
今度の連休、旅行に行こうよ
工藤敦司（32）
奈美の彼氏。旅行好きなサラリーマン
この間、旅行したばかりだし…
ま、また今度にしよ…
はい、お昼
え〜っつまんねーのっ
ブーブー
てかまたラーメンかよ〜っ
私も節約しないと…
とりあえず昼はラーメンで…
鳴ってるぞ〜
ブブブ
あっ
礼子さん！
この間はどうも…
おおっ！
ねぇ！見つけたよ
お金の相談できる人！
無料相談があるから
今度一緒に会いにいこうよ

家計の総合相談センター
きれいなところですね〜
おもちゃもあって、子連れでも来れるわ
でも…なんか高額な保険とか売りつけられたらどうしよう…
こんにちはー
ドキドキッ
はじめまして、FPの森朱美と申します
キレイな人〜
怖くなさそう…安心
ホッ
あの…えふぴーって…？
エスパー？
お金のことに関するアドバイザーです
家計にまつわるお金について相談にのりますよ
貯蓄
年金
保険
投資
住宅
etc…
へぇ〜

今日はどんなご相談でしょうか？
えっと…お金のことがイマイチよくわからなくて…
今のままじゃマズイだろうけど何から手をつければいいいか…
そういう方は、まず「何にいくらかかるか」を知るといいですよ
人生に必要なお金
出産（1人につき）50万円
自動車購入 230万円
結婚 450万円
新生活 100万円
子育て費（1人につき）3,000～4,000万円

人生に必要なお金はこんな感じです
ガーン
こんなにかかるの!!?
すごいっ…
老後の生活（60～85歳の25年間）6,810万円
親の介護（1人につき）90万円／年
住宅購入 3,500万円
葬儀 200万円
ざっくり足すと… 合計 約1億5,000万円＋生活費が必要！

こうして計算してみると驚くような金額ですが、決して準備できない額ではありません
イベントに合わせて貯蓄プランを工夫したり、出産や住宅購入などは公的な補助もあるんですよ
いつまでにいくら必要かがわかれば、手持ちのお金を散財することもないし…
ま、いっかー
買っちゃお～
私だ…
とにかく貯めようとして、無理な節約でストレスがたまるのもなくなりますよ
あれもこれも
ガマン!!
私…
ウッ
お金は「貯める」「減らさない」「増やす」の3つが大事!
お金のピラミッド
増やす
投資
貯める
貯金
減らさない
保険
年金
まずはこの「貯める」からやってみましょう

わかりました！
先生！早速貯めます！
貯めて貯めて貯めまくりまーす!!
うおーっ!!
この子…急に燃える子だったわね…
ハハハ…
では奈美さんに質問です
スチャッ
奈美さんの手取りの年収はいくら？
え？…え――っと…
月々の支出はいくらですか？
通信費は？食費は？
え？〜〜っと…2万…？3万……ん？…あれ？
おずおず
自分の年収や支出がわからないと、適切な貯蓄プランは立てられません
ドンマイ…
うううっ
給与明細を確認したり家計簿をつけることから始めましょう
はいっ!!!

お金の管理

給与明細の見方

給与明細の項目を確認しよう

　毎月もらう給与明細ですが、手取り金額しか見ていないという人も多いのでは？　給与明細には、会社から支払われる「支給」、社会保険料や税金が天引きされる「控除」、出勤や欠勤日数、早退や遅刻などが記された「勤怠」の3つの項目が記載されています。自分がどんな保険料や税金を納めているか、チェックしましょう。

明細のチェックポイント

・差引支給額

この金額が口座にきちんと振込まれているか、確認しましょう。

・各種手当

結婚や転居などで、もらえる手当や金額が変わる場合があります。生活が変わったら、必ず手続きを。

・勤怠項目

間違いがないかをチェック。有休が残っていたら、いつまで有効かを確認し、活用しましょう。

4～6月の残業に注意

厚生年金保険、健康保険、介護保険の保険料のもととなる標準報酬月額は、毎年4～6月の月給の平均額で決まります。4～6月の残業が多いと保険料が上がりますが、その分、年金などの給付にも反映されます。

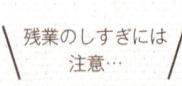

給与明細はここをチェック

給与明細の各項目に何が記されているかを確認しましょう。

①支給項目

基本給	職務給	役職手当	資格手当
250,000	20,000		
時間外手当	住宅手当	通勤手当	家族手当
27,000	15,000	16,800	

②控除項目

厚生年金保険	健康保険	雇用保険	介護保険
26,000	15,000	2,200	
所得税	住民税	組合費	財形貯蓄
4,500	9,000		

総支給額
328,800

控除合計額
56,700

③

差引支給額
272,100

総支給額 － **各種控除（税金・保険料・貯蓄など）** ＝ **差引支給額**

①会社からの支給額　②天引きされる金額　③実際に受け取る額

主な控除項目

社会保険	厚生年金保険（→ P118 ～）	公的年金制度の保険料。老後の生活を支える老齢年金や遺族年金、障害年金などがもらえる
	健康保険（→ P145）	公的医療保険の保険料。医療費の負担や各種手当などが受けられる
	雇用保険（→ P70 ～）	会社員の雇用を守る保険。離職時に失業給付などがもらえる
	介護保険（→ P87）	介護状態になった時、所定の介護サービスが受けられる。40 歳以降に加入
税金	所得税	国に納める税金。その年の所得をもとに計算される。会社で概算した額を毎月納め、過不足は 12 月の年末調整（→ P24 ～）で精算される
	住民税	住んでいる都道府県・市区町村に納める。前年の所得をもとに計算される
その他	組合費	労働条件の改善などを行う労働組合に、運営費として支払う
	財形貯蓄（→ P41）	給与から天引きで貯金できる制度。税金の優遇が受けられるものも

お金の管理

1カ月のお金の流れ

お金の流れを整理し全体像をつかむ

毎月、自分の収入がいくらで、何にどのくらいのお金を使っているか、すぐに言えますか？　ここを把握していないと、貯金しようとしても適切な貯蓄額がわからず、困ってしまいます。一度、自分のお金の流れを整理してみましょう。結婚している人は、夫婦でお互いの収支を確認し、家計全体の把握を。

引き落としをチェック

毎月払う家賃や光熱費、水道代、通信費、保険料などが自動引き落としになっているか確認しましょう。自動引き落としなら、払い忘れることもなく安心。割引などを受けられる場合もあります。

保険料などは
年払いにすると
安くなることも
(→P161)
保険料

ボーナスに注意！

ボーナスが出ると、つい高額のものを買ってしまうなど気が大きくなりがち。しかし、ボーナスは景気や会社の業績によって左右されます。次も必ずもらえるとは限らないので、散財しないように。

ボーナス

ボーナスをあてにした
商品の購入やカードローンは
考えない方が◎

¥

お金の流れチェックシート

給与明細や口座の引き落としを確認し、項目を埋めてみましょう。

夫

①手取り収入
円

②天引きされるお金	合計 円
	円
	円
	円

③口座振込額（①ー②）
円

生命保険や団体保険（→P161）などがあれば、手取り収入からさらに天引きされます

妻

①手取り収入
円

②天引きされるお金	合計 円
	円
	円
	円

③口座振込額（①ー②）
円

④振込合計（夫③＋妻③）
円

⑤積立	合計 円
	円
	円
	円

※給与天引き以外に積立てているお金を記入

⑥固定費（毎月口座から引き落とされる生活費）		合計	円
住宅費	円	通信費	円
光熱費	円	保険料	円
水道代	円	教育費	円

※月ごとに変わるものは平均額を記入

⑦生活費（④ー⑤ー⑥）
円

先に積立てして、残りのお金でやりくりするのが理想的（→P33）

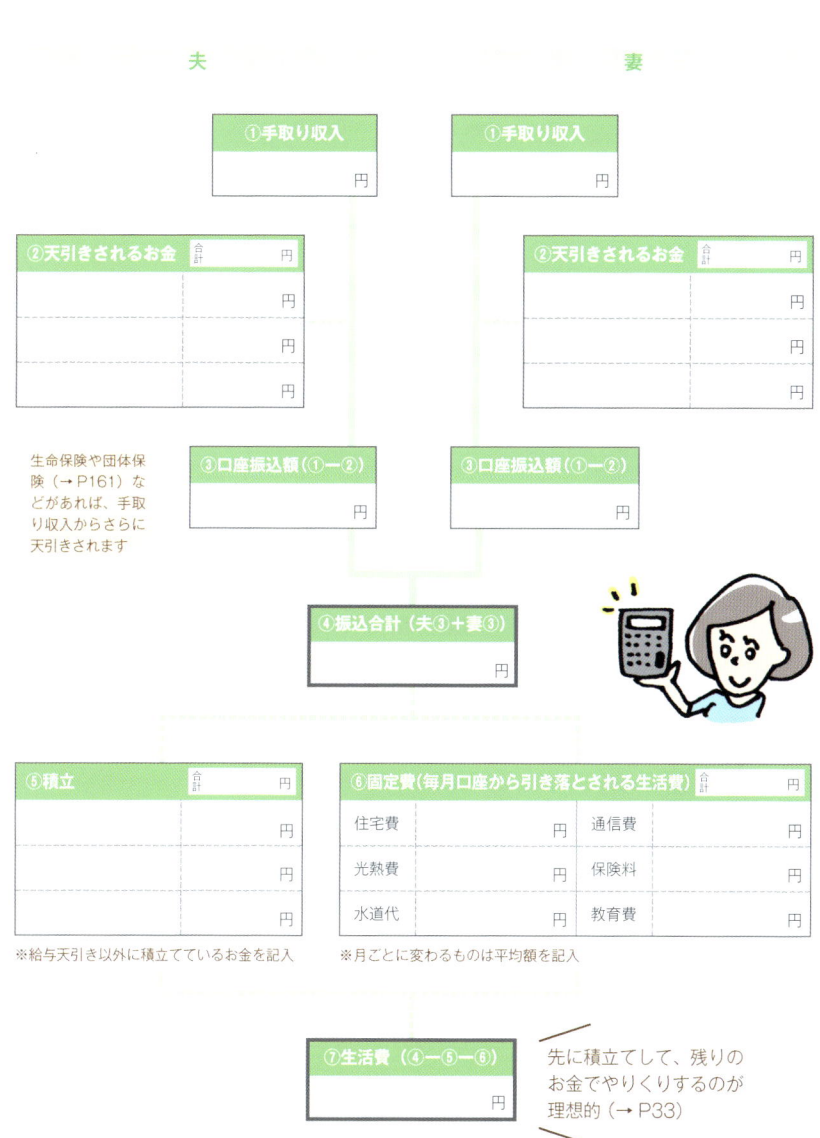

家計簿のつけ方

1ヵ月つけてみて現状を知ろう

大まかなお金の流れをつかんだら、次は家計簿をつけてみましょう。支出を項目ごとに整理することで、自分の消費グセや改善点が見えてきます。また、普段の買い物でも「無駄な出費を抑えよう」と意識が高まる効果も。完璧につけようとすると挫折しやすくなるので、ポイントを押さえ、手間をかけずにつけましょう。

レシートを貯めて集計

使ったお金を毎日つけていくのは大変なので、レシートやカードの利用明細書などをクリアファイルにまとめ、月末に集計すればOK。レシートが出ない飲み会代などは、日付と金額をメモしてファイルに入れましょう。

100円単位で計算し、
細かい誤差は
気にしなくてOK

イベントが少ない月を選ぶ

12～1月は忘年会や新年会、3～4月は歓送迎会や新生活の準備など、イベントが多い月は出費もかさみます。自分の平均的な収支を把握したい時は、イベントが少ない月の家計簿をつけましょう。

連休が多い月は
レジャー費も増えるので
気をつけて

かんたん家計簿シート

以下の項目を参考に、何にいくら使ったのかを記録してみましょう。

④振込合計（夫③＋妻③）
円

P21の④から
スタート

⑤積立	合計　円
	円
	円
	円

※給与天引き以外に積立てているお金を記入

⑥固定費（毎月口座から引き落とされる生活費）			合計　円
住宅費	円	通信費	円
光熱費	円	保険料	円
水道代	円	教育費	円

※月ごとに変わるものは平均額を記入

⑦生活費（④ー⑤ー⑥）
円

⑦ー⑧がマイナスに
なったら**赤字**！

⑧変動費（頻度や度合いによって変わる生活費）					合計　円
食費・外食費	円	被服・美容費	円	医療費	円
日用品費	円	娯楽費	円	特別費（→P48～）	円
交際費	円	交通費	円	その他	円

記録する項目をしぼる

固定費・変動費の項目数が多いと、分類するだけで大変に。自分がお金をよく使う項目(8～10個程度)にしぼり、後は「その他」として記録するのも効果的です。

「カード費」はつくらない

クレジットカードでの買い物を「カード費」にすると、使途不明金になります。カードを使ったら、何にいくら使ったのかをメモし、各項目に入れましょう。

家計簿は市販のものやノートの他、無料のパソコンソフトやアプリを使うと◎。レシートを撮影するだけで金額が入力できたり、プロからアドバイスがもらえるものもあります。

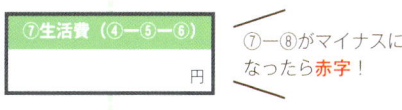

column

年末調整で控除を受ける

毎月の給与から納めた所得税を、12 月に精算するのが年末調整。様々な控除が受けられるので、忘れずに手続きをしましょう。

控除とは？

控除とは、ある金額から一定の金額を引くこと。所得税や住民税は、所得をもとに計算されますが、状況に応じて様々な金額が引かれているのです。

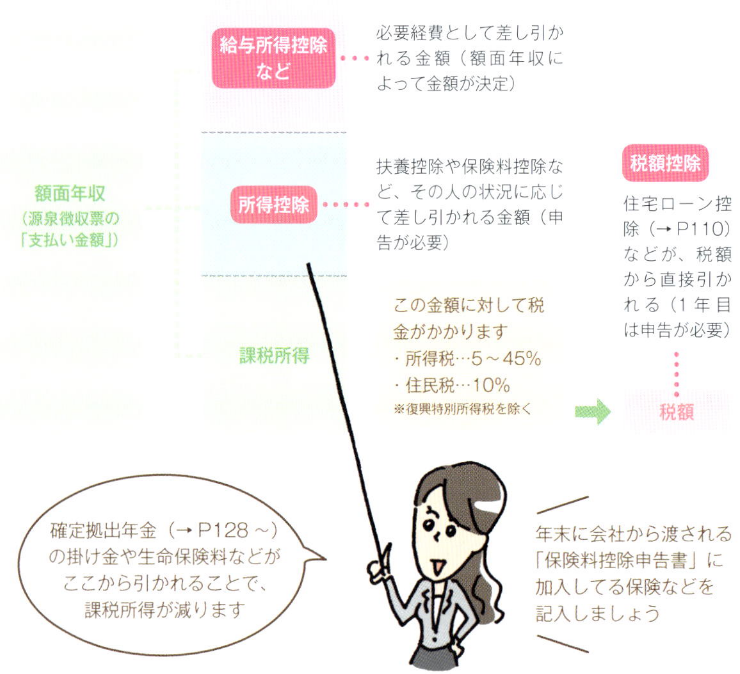

生命保険や個人年金保険の加入で受け取れる還付金については、P130 を参照。

控除の種類と条件

以下に該当する人は、申告すれば控除が受けられます。保険は、保険会社から送られてくる「控除証明書」を会社に提出しましょう。

	種類	条件	控除額
家族	扶養控除	合計所得38万円以下など、一定の条件を満たす扶養家族がいる	38万円（特定扶養親族は63万円、老人扶養親族は48万円または58万円）
家族	配偶者控除	配偶者の所得が38万円以下（給与のみの場合、収入が103万円以下）	38万円（配偶者が70歳以上の場合、48万円）
家族	配偶者特別控除	配偶者の所得が38万円を超え、76万円未満（給与のみの場合、収入が103万円超141万円未満）	最高38万円
保険	生命保険料控除	生命保険や介護・医療保険、個人年金保険（→P127）に加入している	最高12万円（→P130）
保険	地震保険料控除	地震保険（→P158）に加入している	最高5万円
保険	小規模企業共済等掛金控除	確定拠出年金（→P128～）に加入している	掛け金全額（上限あり）
住宅	住宅ローン控除（→P110）	住宅ローンを借りた（10年間適用され、1年目は確定申告で手続きする）	年末の住宅ローン残高の1％（上限あり）が税額控除

手続きと調整の方法

年末調整前に会社に手続きをすれば、過不足の計算が会社を通じて行われ、12月の給与で還付や徴収がされます。自営業者は確定申告で手続きを（→P26～）。

年末調整に申告が間に合わなかった場合、確定申告（→P26～）で手続きも可能。

column

確定申告のポイント

確定申告は自営業の人がするものと思いがちですが、会社員の人もお金が戻ってくる可能性があります。忘れずにチェックしましょう。

確定申告とは

1/1 ～ 12/31 までの所得を申告し、納税額を確定するもの。翌年 2/16 ～ 3/15 までに居住地の税務署に申告します。自営業･フリーランスの人は忘れずに。

還付申告（払った税金を返してもらう）は翌年の 1/1 以降、いつでも可能です。期間は 5 年以内です。

会社員で確定申告が必要な人

会社員は年末調整（→ P24 ～）をしていれば確定申告は不要ですが、以下のいずれかに当てはまる人は、確定申告が必要です。

- □ **年間給与収入が 2,000 万円を超える**
- □ **副業など、給与以外の所得の合計が 20 万円を超える**
- □ **2ヵ所以上から給与をもらっている**

その他、年末調整で精算できなかった医療費や家の購入、転職や退職、災害などがあれば確定申告をしましょう。

確定申告で還付を受けられるケース

以下に該当する人は、確定申告で税金の還付が受けられる可能性があります。

種類	条件
医療費控除	生計を一にする家族の年間医療費の合計から、保険金などで補填される金額を引いた額が 10 万円を超えた ※所得が 200 万円未満の場合は、所得の 5%を超えた

医療費控除の対象になるもの

- 診療費　・医薬品代
- 通院のための交通費（電車やバス）（病状やケガの関係で公共交通機関を利用できない場合は、タクシーも可能）
- 入院の部屋代や食事代
- 出産時の検診費、分娩費、交通費
- 不妊症の治療費
- 介護保険制度の自己負担額 など

医療費控除の対象にならないもの

- マイカーでの通院のガソリン代、駐車代
- 入院時に自分で希望した個室代
- 治療に関係がないマッサージ代
- 病気予防のためのビタミン剤代
- 人間ドックの費用（病気が見つかり、治療を受けた場合は対象に）
- 美容整形の手術代
- 近視や遠視、老眼のメガネ代 など

種類	条件
雑損《ざっそん》控除 （→ P156）	台風・火災・地震などの災害や盗難で、住宅や家財に被害を受けた

年間所得が 1,000 万円以下で災害を受けた人が雑損控除を受けない場合、災害減免法（→ P156）で所得税が軽減される場合があります。

種類	条件
寄付金控除	地方公共団体や学校法人などに、2,000 円を超える寄付をした
配当控除（税額控除）	総合課税の適用を選択し、株式などの配当を受け取った
住宅ローン控除（税額控除） （→ P110）	住居ローンを利用して住居を購入したり、リフォームや増改築、耐震工事などをした（2 年目からは年末調整で処理される）

マイホームに省エネやバリアフリー工事をした場合も、控除を受けられる可能性があります。

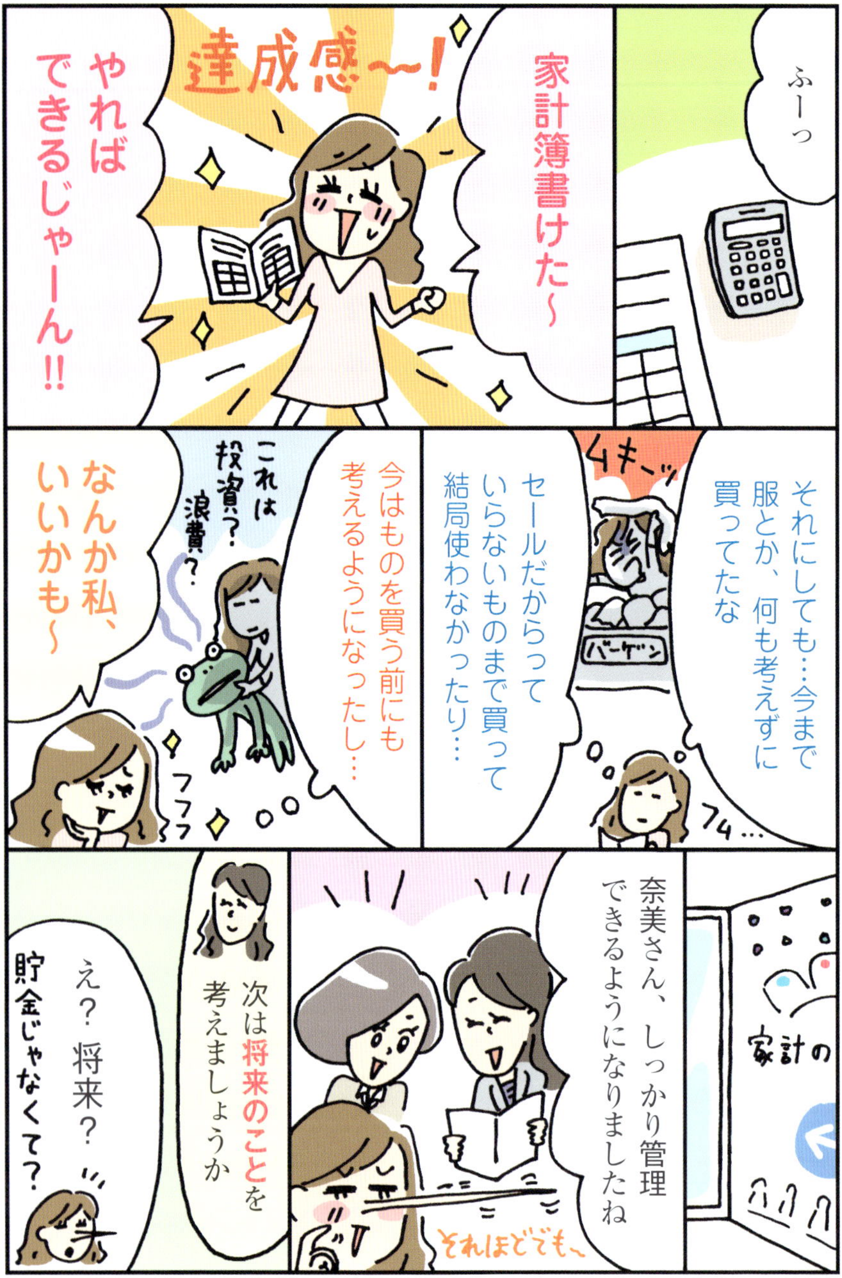
ふーっ
家計簿書けた～
達成感～～！
やればできるじゃーん!!
それにしても…今まで服とか、何も考えずに買ってたな
ムキーッ
バーゲン
フム…
セールだからっていらないものまで買って結局使わなかったり…
今はものを買う前にも考えるようになったし…
これは投資？浪費？
なんか私、いいかも～
フフフ
家計の
奈美さん、しっかり管理できるようになりましたね
それほどでも～
次は将来のことを考えましょうか
え？将来？貯金じゃなくて？

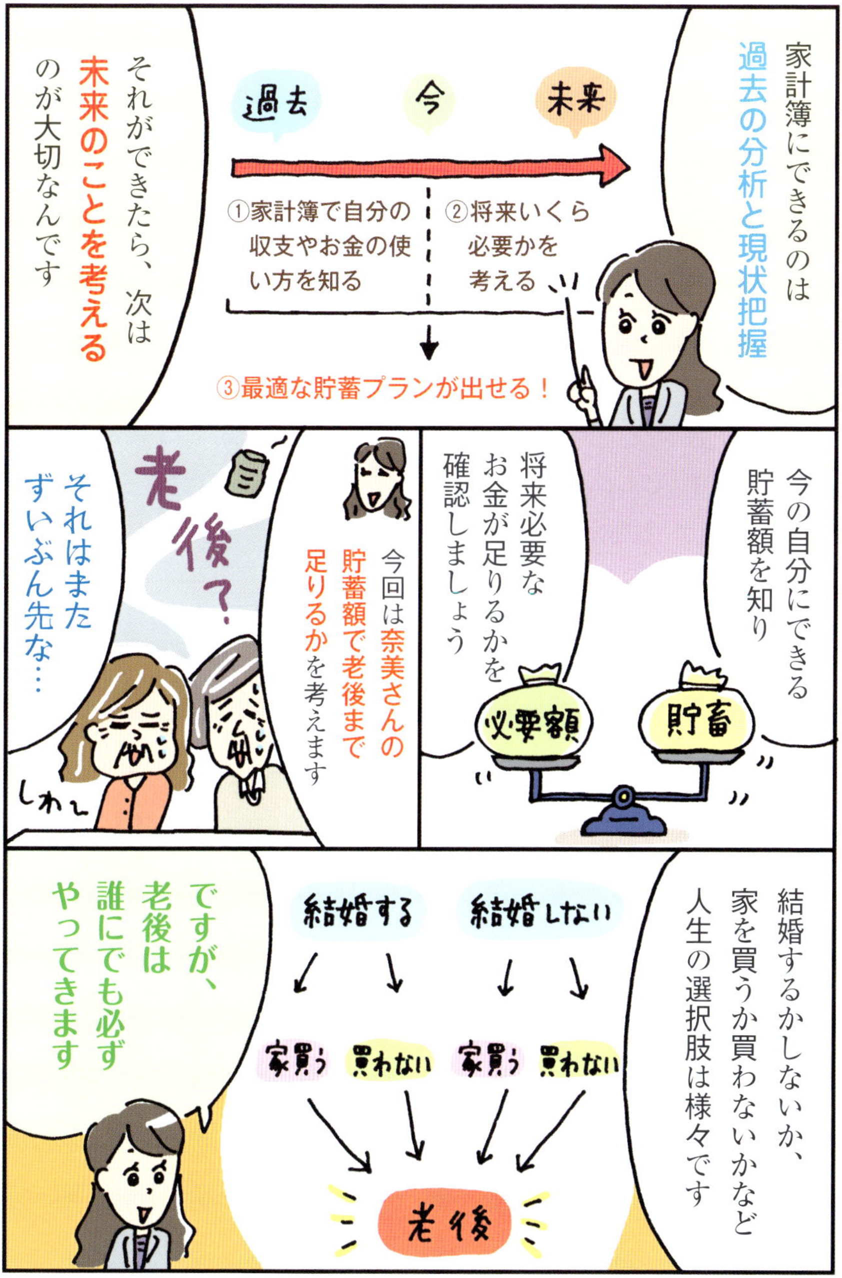
家計簿にできるのは
過去の分析と現状把握
過去
今
未来
①家計簿で自分の収支やお金の使い方を知る
②将来いくら必要かを考える
③最適な貯蓄プランが出せる！
それができたら、次は
未来のことを考える
のが大切なんです
今の自分にできる
貯蓄額を知り
将来必要な
お金が足りるかを
確認しましょう
貯蓄
必要額
今回は奈美さんの
貯蓄額で老後まで
足りるかを考えます
老後？
それはまた
ずいぶん先な…
結婚するかしないか、
家を買うか買わないかなど
人生の選択肢は様々です
結婚する
結婚しない
家買う
買わない
家買う
買わない
老後
ですが、
老後は
誰にでも必ず
やってきます

老後資金を確保しておけば残りのお金は自由に使えますし
早くから準備すれば月々の負担も軽く済みます
ざっくりでいいので計算してみましょう!
なんか急に老けた気が…
は、はい…
まずこれが奈美さんの60歳までの貯蓄額です
平松奈美(29)の場合
60歳までの貯蓄額
毎月の貯金 3万円
×12ヵ月
×31年(60歳まで)
=❶1,116万円
60歳まで働くとして65歳までは収入ゼロ
60歳
65歳
収入ゼロ
年金
12.5万/月
65歳から毎月もらえる年金は約12.5万円
女性の平均寿命である87歳まで生きたとして…
65〜87歳までにもらえる年金
12.5万円×264ヵ月(22年)
=❷3,300万円
貯蓄+年金
❶1,116万+❷3,300万
=❸4,416万円
③を60〜87歳の27年×12ヵ月(324ヵ月)で割ると…
ドキドキ…

奈美さんの60歳からの毎月の生活費は13万6000円!!
バーン!
ちなみに、1人暮らしの60歳以上の方の生活費は約15万円です
ガーン
足りない…
大丈夫!
ここからプランを見直せばいいんですよ
1.5万円の生活費を補うには…
60～87歳までの足りない生活費
1.5万円×324カ月(27年)
＝486万円
60歳までに312万円貯めるには
486万円÷372カ月(31年)
＝約1.3万円
➡毎月の貯金を4.3万円に
貯金額を増やすには…
Ⓐ支出を減らす
Ⓑ収入を増やす
Ⓒボーナスを貯金へ
へー!!
メモメモっ
まず、Ⓐで固定費や保険料などを見直し、余分な支出があればカットします
Cut!
通信費
いらないオプション
すぐ実践は難しいかもしれませんがⒷで給与アップを目指して転職や資格取得もオススメ
派遣から正社員!
ボーナスゲット!!
¥

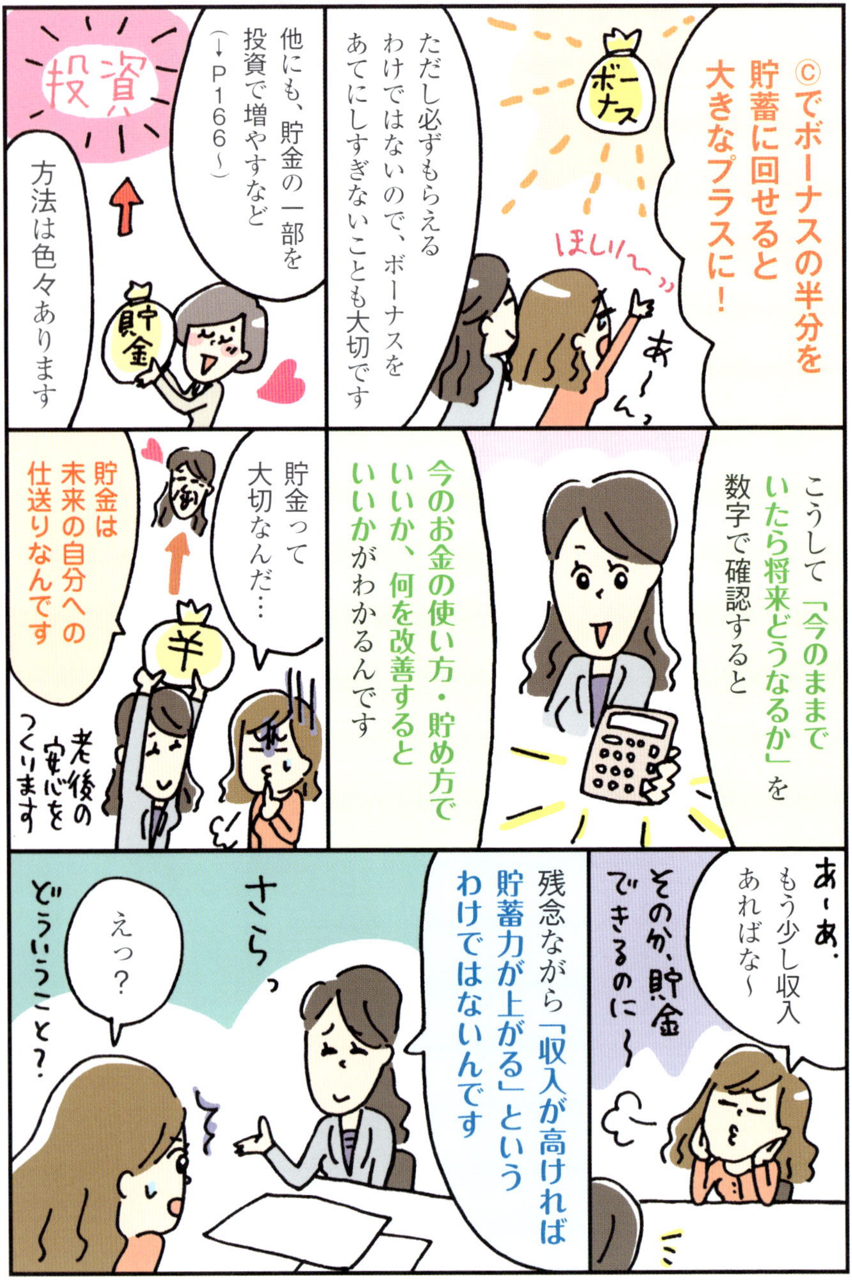
ⓒでボーナスの半分を貯蓄に回せると大きなプラスに！
ボーナス
ほしい〜っ
あ〜ん
ただし必ずもらえるわけではないので、ボーナスをあてにしすぎないことも大切です
他にも、貯金の一部を投資で増やすなど（↓P166〜）
投資
貯金
方法は色々あります
こうして「今のままでいたら将来どうなるか」を数字で確認すると
今のお金の使い方・貯め方でいいか、何を改善するといいかがわかるんです
貯金って大切なんだ…
貯金は未来の自分への仕送りなんです
老後の安心をつくります
あ〜あ、もう少し収入あればな〜
その分、貯金できるのに〜
残念ながら「収入が高ければ貯蓄力が上がる」というわけではないんです
さらっ
えっ？
どういうこと？

どんなに収入が高くても、いつの間にかお金がなくなってしまう人もいれば…
カラ…
別にゼータクしてないのに!!
年収600万
今度旅行いこー
貯金
年収300万
収入が高くなくても手堅く貯めて、お金を上手に使っている人もいます
その差は…自動的にお金が貯まる仕組みをつくってるかいわゆる先取り貯蓄です
さき…
さきいかっ!
違うわよっ
むしゃ
お給料が入った時、あらかじめ決めた額を自動的に貯金して
給料
①貯金
¥
②生活費
残ったお金で生活費をやりくりする方法よ
生活費の余った分を貯金しようとする人は典型的な貯まらない人よ
ぐはっ
あらあら図星ですね
う…う…
賢い貯金で将来に安心をつくりましょう
貯金

貯金

老後に必要なお金

社会の変化に合わせ余裕ある資金計画を

老後に必要な金額を知り、「今からいくら貯めればいいのか」を計算してみましょう。また、後期高齢者医療制度の保険料の負担が義務づけられたり、年金の受給開始年齢が上がるなど、高齢者の負担も増えています。今後も社会保障への負担が増える可能性があるので、ゆとりある資金計画を考えておくと安心です。

平均寿命より長めに計算

現在の日本の平均寿命は、男性が80歳、女性が87歳です。しかし、今後の医療の進歩で、平均寿命が延びる可能性も。90歳くらいまで生きることを想定して、老後資金を準備しておきましょう。

※厚生労働省『平成25年 簡易生命表』より

高齢者向け施設の費用

・有料老人ホーム
健康型・住宅型・介護型の3種類があり、月額12～30万円程度。

・サービス付き高齢者向け住宅
バリアフリー対応の賃貸住宅で、常駐の介護スタッフが生活を援助する。月額10～30万円程度。

・軽費老人ホームC型（ケアハウス）
身寄りがない、家族と同居困難な人が、比較的安い費用で入居できる。月額10～20万円程度。

※高齢者向け施設は、月額費用の他に初期費用も大きく差がある

老後に必要なお金を計算してみよう

60～90 歳の 30 年で、どのくらいのお金があれば安心かを計算してみましょう。

老後の月の平均支出　**夫婦** 約 27 万円　**単身者** 約 15 万円

※総務省統計局『平成 25 年 家計調査』より

生活費

月［　　　］円 × 12 ヵ月 × 30 年 = ①［　　　］円

住居費

A：持ち家の場合（定年までにローンが払い終わる場合）

［固定資産税や管理費］3 万円 × 12 ヵ月 × 30 年 = 1,080 万円
［リフォーム代］300 万円

②［1,380 万］円

B：賃貸の場合

月［家賃　　　］円 × 12 ヵ月 × 30 年 = ③［　　　］円

介護費

④［600 万］円

※夫婦 2 人分。単身なら 300 万円

予備費

⑤［200 ～ 400 万］円

医療費や冠婚葬祭の費用として準備しておくと安心

合計

必要額 ①+② or ③+④+⑤［　　　］円

旅行やレジャーなどを楽しむ、ゆとりある老後生活をする場合、月に 35 万 4,000 円が必要というアンケート結果もあります。※生命保険文化センター『生活保障に関する調査』より

貯金

老後資金のつくり方

月々の貯蓄額を出し早めに準備しよう

老後の収入のベースは公的年金。それに退職金や個人年金保険、財形年金貯蓄などを加えたものが、「老後に受け取れるお金」です。また、60歳以降も働いて収入を増やそうとする人も多くなっています。「老後にいくら受け取れるか」「老後の必要額に足りるか」を確認し、必要な貯蓄額を出しましょう。

時間を活用して貯める

20代から老後資金の準備を始めれば、使える時間は40年もあります。長期でお金を貯めるなら、銀行預金以外にも色々な金融商品を検討してみましょう（↓P172～）。少しの運用力の違いが、何十年もの時間を使うことで大きな差を生みます。

老後資金の貯め方の例

・財形年金貯蓄（↓P41）
勤務先に天引きで老後資金を貯める制度。利子の一部が非課税に。

・個人年金保険（↓P127）
民間の保険会社に保険料を支払い、老後に年金として受け取ります。

・確定拠出年金（↓P128～）
自営業やフリーランス、会社員が利用できる年金の1つ。掛け金の全額が所得控除になるなど、税制のメリットがある。

老後に受け取れるお金を計算してみよう

60歳以降に受け取れるお金を計算してみましょう。

給与 夫 [年収 × 年] 円＋妻 [年収 × 年] 円＝ [①] 円

※60歳以降に働けると思う金額と年数があれば記入

退職金 夫 [ ] 円＋妻 [ ] 円＝ [②] 円

公的年金 夫 [ ] 円＋妻 [ ] 円＝ [③] 円

※65～90歳までの受給額を記入。「ねんきんネット」から試算するか、P125を参考に計算

その他 [④名称：] 円 [⑤名称：] 円 [⑥名称：] 円

※個人年金保険や財形年金貯蓄、養老保険（→P149）の保険額などを記入

合計 [受取額 ①＋②＋③＋④＋⑤＋⑥] 円

老後のために、いくら貯めればいいかを計算してみよう

P35で出した「必要額」と合わせて、月々の目標貯金額を出しましょう。

[必要額] 円－ [受取額] 円＝ [必要な貯蓄額] 円

[必要な貯蓄額] 円÷（60歳－[ ]歳）÷12ヵ月＝ [毎月の貯蓄額] 円

※現在の年齢を記入

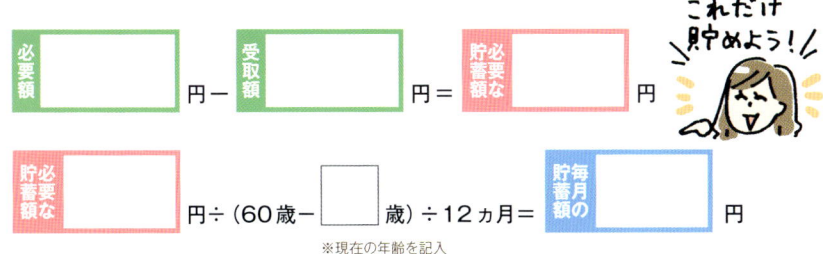

賢い貯金の仕方

先取り貯蓄で確実に貯めるのがコツ

貯金がしっかりあれば、突然の病気やケガなどにも対応でき、老後の生活も安心です。また、ライフプラン（→P62～）を立て、結婚や住宅購入などの将来の希望や目標貯蓄額を明確にすると、貯金への意欲もわいてきます。自動的に貯まる仕組みをつくり、ストレスなく貯金しましょう。

貯められない原因

以下に当てはまる人は、お金の使い方・管理の仕方を見直すと◎。

- □毎月の生活費を把握していない
- □固定費がいくらかわからない
- □預金残高やローン残高が不明
- □先取り貯蓄をしていない
- □コンビニなどでのちょっとした買い物をよくする
- □自分へのご褒美や衝動買いが多い
- □「今だけオトク」の文字に弱い
- □普段づかいのクレジットカードが3枚以上ある

いくら貯めれば安心？

まずは生活費の半年分を貯蓄の目標額にしましょう。それがあれば、万が一事故や失業などにあっても、当面の生活には困りません。それをクリアしたら、今後のライフイベントや老後資金を踏まえた貯蓄額を決め、貯めていきましょう。

先取り貯蓄のポイント

毎月の収入から一定額を貯金する「先取り貯蓄」なら、浪費癖のある人も貯金できます。

貯蓄額は収入の２割が目安

最適な貯蓄額は、収入や家族構成、目標額と期間などで変わりますが、まずは手取り収入の２割を目安にするのがオススメ。無理のない金額から始めましょう。

10%、15%、20%と少しずつ貯蓄の割合を増やすのもOK

先取り貯蓄の方法

※社内預金や財形貯蓄は、勤務先に制度があれば利用できる

種類	申込み先	特徴
自動積立定期預金	銀行	給与口座から別口座に一定額を振替える（ボーナス月は増額可能）。積立日は給料日の直後にするのがオススメで、満期まで元本（預けたお金）は引き出せない。月１万円以上の預金が一般的だが、ネット銀行やゆうちょ銀行は月1,000円くらいからできるところもある
自動積立貯金	ゆうちょ銀行	
社内預金	勤務先	最低利率が0.5%で、普通の銀行に比べて利息が高い。会社に預けられ、引き出しに手続きや条件が必要なこともあるので注意
財形貯蓄（→ P41）	勤務先	会社員が利用可能。給与やボーナスから天引きされ、会社から金融機関に預けられる。非課税や融資など、様々なメリットがある

６月や12月などのボーナス時期は定期預金開設キャンペーンが多く、金利が上がることも。ただし、適用期間が終わると通常の金利に下がるので、長期的に見てオトクかを検討して。

※金利…元本（預けたお金）に対し、１年間でどのくらいの利息がつくかを表す割合

残業が多くなりそうな月は、自動積立の額を上げておくのもオススメ

ボーナス・残業代は半額を貯金へ

ボーナスや残業代を貯金に回すと、貯蓄スピードがアップ！半額を目安に貯金し、残りは自己投資や旅行などの特別費（→ P48 ～）にあてましょう。

ボーナスを生活費の赤字補填に回すのはNG。ボーナスは必ず出るとは限らず、金額が変わる可能性もあります。ボーナスに頼らない家計管理を心がけましょう。

定期預金の単利型と複利型の違い

銀行の定期預金の利息の計算には、「単利型」「複利型」の２種類があります。すぐに使う予定がなく、長く預ける場合は「複利型」を使う方がオトクです。

単利型は元本に利息がつく

一定期間（毎年や半年）ごとに、ついた利息を受け取ります。何年預けていても、利息がつくのは最初に預けた元本のみになります。

複利型は元本＋利息に利息がつく

利息を払い戻さず、元本に上乗せするシステム。翌年は元本＋利息に対して利息がつくようになり、満期時の利息が単利型より多くなります。

例 100万円（元本）を金利3%で預けた場合
※税金は除く

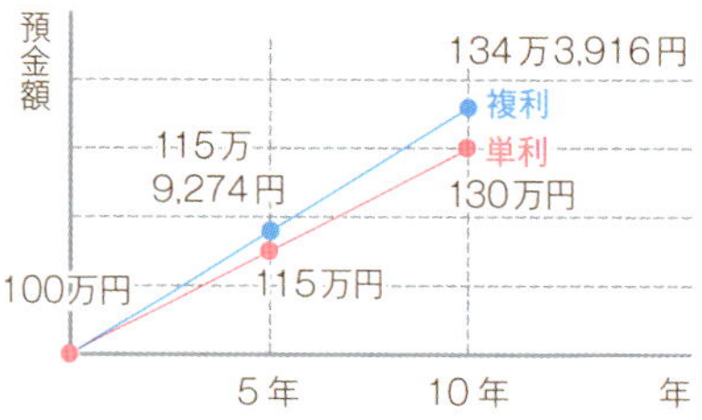

預け先を変えて利息アップ

まとまった貯金ができたら、預け先を変えましょう。ネット銀行の定期預金の高い金利を活用すれば、利息もアップ。引き出し条件やリスクなどの確認も忘れずに。

オススメの預け先の例

銀行名	特徴
あおぞら銀行	0.2～0.35%と高金利。50万円から預け入れ可能。預け入れ期間は6ヵ月・1年・3年・5年の4種類から選ぶ。3年・5年は半年複利型で、さらに利息がついてオトクに
オリックス銀行	金利が0.23～0.3%と高めで、3～5年かけてじっくり貯めたい人にオススメ。最低預け入れ金額は100万円。口座への入金に手数料がかかるなどの点に注意
住信SBIネット銀行	資金の用途に合わせ、1ヵ月～5年から預け入れ期間が選べる（金利も5段階）。コンビニやゆうちょ銀行のATM手数料が無料で、他行への振込手数料も月3回まで無料。SBIハイブリッド預金はSBI証券と連携しているため、いずれ投資もしたい人にオススメ
楽天銀行	「ハッピープログラム」を使えば、取引ごとに楽天スーパーポイントが貯まり、楽天の各種サービスで利用可能。預け入れ期間も1週間～5年から選べる

※2014年12月現在のもの

財形貯蓄の種類と仕組み

普通の貯蓄にはない、非課税や融資などのメリットがある「財形貯蓄」。勤務先に制度があれば、月 1,000 円から活用できます。

	一般財形貯蓄	財形住宅貯蓄	財形年金貯蓄
目的	自由	住宅費（購入や工事費など）	60 歳以降の年金
加入条件	従業員	契約時に満 55 歳未満の従業員	
積立方法	毎月の給与やボーナスから天引き		
積立期間	3 年以上	5 年以上	
契約	複数契約可	1 人 1 契約、1 金融機関に限る	
引き出し条件	いつでも可能	住宅取得などの目的であれば、5 年以内でも非課税で引き出せる※1	満 60 歳に達したら、5 ～ 20 年にわたって受け取り可能
利子への課税	20.315%（復興特別所得税含む）	財形住宅貯蓄と財形年金貯蓄の元本と利子を合わせて 550 万円までは非課税※2	

※ 1：住宅以外の目的での引き出し（解約）の場合、直近 5 年間の利息に対して 20%課税される

※ 2：財形住宅貯蓄と財形年金貯蓄には「保険型」があり、財形住宅貯蓄の保険型は払込累計が 550 万円まで、財形年金貯蓄の保険型は払込累計が 385 万円までが非課税

通常の預金の場合、利子に対して 20.315%の税金がかかります
住宅資金や年金を貯めるなら、財形貯蓄の非課税を活用しましょう！

財形住宅融資を受けられる

財形貯蓄のいずれかを 1 年以上続け、残高が 50 万円以上あれば住宅融資を受けられます。融資額は 3 つの財形貯蓄の合計残高の 10 倍（最高 4,000 万円）まで。

非課税枠を活用する方法

財形住宅貯蓄を非課税枠まで積立てし、住宅購入で解約した後に財形年金貯蓄を始めれば、それぞれで 550 万円ずつ非課税枠を利用でき、オトクです。

貯金

銀行の選び方

銀行を使い分けて賢く管理しよう

お金を預けるというと、銀行の普通預金が思い浮かびますが、他にも様々な預け先があります。金利やサービスなどをチェックし、オトクに使える銀行を選びましょう。また、1つの口座で管理していると、貯蓄分まで引き落としてしまうことも。普段づかいと貯蓄で口座を分け、きちんと管理しましょう。

メインバンクの選び方

・ATMの場所や数

店舗やATMが多く、自宅や勤務先の周辺にあると便利。コンビニやゆうちょなどの提携先ATMが近くにあるかもポイントです。

・手数料

ATMの利用や振込などの手数料が安いかをチェック。

・優遇サービス

預金額や利用度に応じて、手数料や金利優遇サービスがあると◎。

複数の口座を使い分ける

普段の生活に必要なお金の出し入れ（給与の振込や固定費の引き落とし、臨時支出への備えなど）は、いつでも引き出せる普通預金を使いましょう。一方、ライフイベントや老後資金など、貯蓄目的のお金は、簡単に引き出せない定期預金に預け、しっかり貯めましょう。

銀行の種類

基本的なサービスは同じですが、営業エリアや扱う商品などが異なります。

銀行	特徴
都市銀行	東京などの大都市圏に本店を置き、全国に多くの支店を持つ
地方銀行	本店を置く都道府県を中心に営業し、地域企業や住民にとって利便性が高い
ゆうちょ銀行	郵政事業民営化で、郵便貯金事業を引き継いだ金融機関。日本最大の預金金融機関で、曜日や時間帯を問わずATMでの入出金手数料がかからないのが魅力
信用金庫	特定の地域の個人や中小企業が対象の金融機関。融資は地域内の人・企業のみ
信託銀行	銀行の業務とともに、お金・株・土地などの資産の管理や運用も行う

ネットを使って口座の確認や振込などの取引ができる「インターネットバンキング」は、多くの大手銀行や地方銀行でも利用できます。手数料や金利の優遇などもあるのが魅力。

サブバンクとしてネット銀行を活用

ネット銀行の口座を1つ持っていると、振込やATM利用などがオトクに。

金利や手数料がオトクに

大手メガバンクの定期預金の金利が0.02～0.03%程度に対し、ネット定期は0.1～0.3%が一般的。他行への振込手数料が1/3程度になることも。

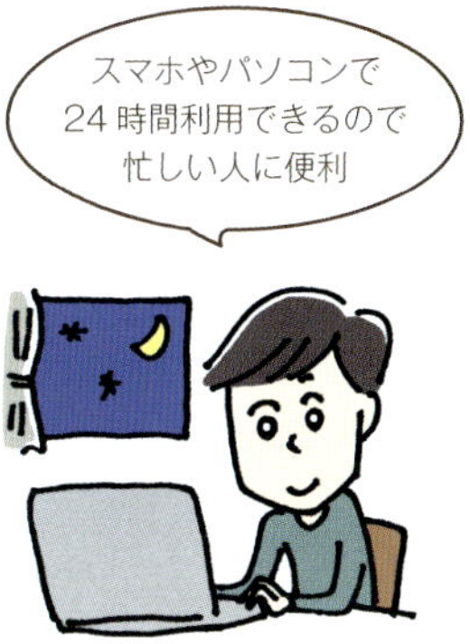
スマホやパソコンで
24時間利用できるので
忙しい人に便利

振込手数料が無料などの特典も

他行への振込手数料が毎月3回まで無料、提携コンビニでのATM手数料が24時間無料、引き落としや振込などでポイントがつくなど、様々な特典があります。

ネット銀行は店舗がないため、口座開設前に提携先のATMの場所や手数料を調べ、現金のやりとりに支障がないか確認を。また、引き落とし口座にできない場合もあります。

家計

家計のバランス

消費・浪費・投資のバランスを取る

支出は以下の3つに分けられます。

・消費
家賃や食費など、生活に必要な支出。支払額と価値が同等のもの。

・浪費
ストレス発散や衝動買いなど、得られる価値が支払額より低いもの。

・投資
資格取得費用など、得られる価値が支払額より高くなるもの。

支出の理想のバランスは、消費70%、浪費5%、投資25%。自分の支出がどれに当てはまるかを意識すれば、無駄づかいを減らすことにもつながります。中でも浪費の割合が増えていたら、減らすようにしましょう。

コンビニのついで買いも浪費のもとになるので注意！

ライフスタイルに合わせて予算を組む

収入から先取り貯蓄（↓P33）で貯金を確保し、残ったお金を固定費と変動費の支出にあてましょう。ライフスタイルに合わせてそれぞれの予算を組めば、赤字を防げます。ボーナスや給与のベースアップを期待せずに予算を組めば、ボーナスが出なかった場合でもマイナスにならない、強い家計がつくれます。

家計バランスのチェックシート

自分の収入や貯金、各支出を記入し、平均と比べてみましょう。
浪費している費用があれば、カットできるか見直しを。

		自分	単身者	夫婦	夫婦（住宅ローン返済中）
手取り収入		円	23万5,439円	32万6,089円	34万5,995円
貯金		円 （ %）	7万3,976円 (31.4%)	8万2,626円 (25.3%)	4万4,327円 (12.8%)
支出	住宅費	円 （ %）	3万1,705円 (13.5%)	4万1,927円 (12.9%)	7万6,467円 (22.1%)
	食費	円 （ %）	3万1,529円 (13.4%)	4万6,487円 (14.3%)	5万3,448円 (15.4%)
	光熱水道費	円 （ %）	7,904円 (3.4%)	1万6,979円 (5.2%)	1万8,094円 (5.2%)
	日用品費	円 （ %）	6,114円 (2.6%)	7,393円 (2.3%)	1万292円 (3.0%)
	被服費	円 （ %）	1万2,683円 (5.4%)	9,728円 (3.0%)	1万1,012円 (3.2%)
	交通費通信費	円 （ %）	2万1,706円 (9.2%)	4万9,975円 (15.3%)	4万6,170円 (13.3%)
	教育費	円 （ %）	0円 (0%)	5,266円 (1.6%)	9,050円 (2.6%)
	娯楽費	円 （ %）	1万9,419円 (8.2%)	1万7,210円 (5.3%)	2万1,917円 (6.3%)
	医療費	円 （ %）	4,153円 (1.8%)	8,200円 (2.5%)	1万2,791円 (3.7%)
	その他	円 （ %）	2万6,250円 (11.1%)	4万298円 (12.4%)	4万2,427円 (12.3%)
支出合計		円 （ %）	16万1,463円 (68.6%)	24万3,463円 (74.7%)	30万1,668円 (87.2%)

※総務省統計局『平成25年 家計調査』を参考に、リベラル社で作成
※貯金・各支出の%は、手取り収入に対する割合を表す

家計

固定費・変動費のポイント

支出の無駄を見つけカットする

住宅費や水道光熱費、通信費など、毎月一定額がかかるものが「固定費」、食費や交際費など、金額が決まっていないものが「変動費」です。支出の見直しは浪費（→P44）の削減から始め、次に固定費、変動費の順に行いましょう。また、変動費を節約しすぎるとストレスのもとになるので、無理のない範囲で見直しを。

固定費の節約は効果大

節約というと食費などの変動費が浮かびますが、これらは節約しやすい反面、長続きしないことも。それより先に、住宅費や通信費、保険料などの固定費を見直す方がオススメ。毎月自動で引き落とされる額を見直して安くなれば、その後ずっと節約できてオトクです。

ストレスなく節約効果が続くよ
スマホのプラン変更で通信費カット!

1年を通して調節を

年末年始は交際費が増えるなど、イベントによって月の支出は変わるので、毎月同じ予算を守るのは大変です。あまり神経質にならず、支出が多い月があれば翌月にカバーするなどし、1年間で予算を守ればOKと考えましょう。

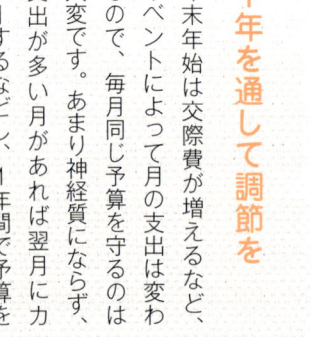

先月飲み会タタ
今日はお弁当

固定費・変動費の見直しポイント

変動費は工夫次第で大きく削れますが、生活の質が下がってリバウンドしやすくなります。変動費は「無駄を省く」程度から始め、無理な節約をしないようにしましょう。

	項目	見直しポイント
固定費	住宅費	収入の３割以上を占めているなら、家賃の安いところへ引っ越しするのも効果的。一時的に費用はかかるが、その後の固定費削減で取り戻せる
固定費	保険料	不要な保険や特約に入っていたら見直し、保険料の削減を（→ P162 ～）。転職や結婚、住宅購入など、生活が変わったら保障額などを見直すと◎
固定費	車関連費	月に数回乗る程度なら、カーシェアリングなどの検討を。不要な車を手放せば、維持費や保険料、駐車場代などをカットできる
固定費	水道光熱費	電気・水道・ガスの無駄づかいがないか、生活習慣の見直しを。また、電気は契約アンペアを変えると基本料金が変わる。共働きで洗濯や掃除を夜にすることが多い場合、夜間に電力が安くなるプランにする方法もある
固定費	通信費	料金システムの改訂が多く、以前加入したプランのままでは損することも。不要なオプションは解除し、自分の使い方に最適なプランに変更を。無料通話やメールができるアプリを活用するのもオススメ スマホのテザリングを使えば、Wi-Fi ルーターなどの通信機器がなくてもネット接続が可能に。自宅でも活用できればプロバイダーを解約でき、大きな固定費の削減につながります。
変動費	食費	外食はほどほどにし、メリハリをつけると◎。食材の買いすぎやコンビニでのついで買いも、積もれば数千円の出費になるので、控えるように
変動費	被服費	直近の半年～１年間の買い物を見直し、どのくらい活用できているかを振り返って、適切な予算を組むのが大切。不要になった服は古着屋に売るのもオススメ
変動費	交際費	誘われるまま参加していると、大きな出費に。「月の参加回数を決める」「一次会のみ参加する」など、ルールを決めて参加するのが◎
変動費	娯楽費 習いごと費	予算をオーバーしている場合は、優先順位をつけて無駄づかいを減らすように。惰性で続けている習いごとがあれば、やめることも考えて
変動費	子ども用品代	ベビーカーやチャイルドシートなど、いずれ使わなくなるものはレンタルなどを活用するのもオススメ

１ヵ月分のレシートを貯め、○（必要な支出）、△（必要だが節約の余地あり）、×（無駄づかい）をつけるのもオススメ。何に無駄づかいしやすいかがわかり、改善点が見えてきます。

家計

特別費への備え

毎月の家計とは別に積立てて準備を

保険料の年払い、車検、結婚祝い、帰省代など、生活費とは別にまとまったお金が必要になることがあります。これを特別費といいます。その都度用意しようとすると家計が赤字になったり、貯金を取り崩してしまうこともあるので、必要になる特別費を予測し、毎月の家計とは別に準備しておきましょう。

特別費の積立方法

・毎月の給与から積立てる

P49で年間の特別費リストをつくったら、合計額を12で割って、毎月の給与から貯めましょう。貯蓄口座とは別に、特別費用の口座があると管理がラクです。

・ボーナスをあてる

ボーナスの半分を特別費にあて、月々の積立の負担を減らすのも◎。ただしボーナスは必ず出るとは限らないので、「出たらあてる」くらいに考えましょう。

予備費もあると安心

年間の特別費リストをつくっても、結婚式やお祝いが続く、家電が故障するなど、予想外の支出は多々あります。そのような事態に対応できるよう、「予備費」として10万円ほど多めに予算を取っておくと安心です。

準備しておけば
イベントも楽しめます

年間の特別費リストの作成・チェックポイント

今後予想される特別費と予算を書いてみましょう。予算は、昨年の支出を参考にしても◎。金額は少し多めにしておく方が安心です。

項目	予算	項目	予算	項目	予算
1月	円	5月	円	9月	円
2月	円	6月	円	10月	円
3月	円	7月	円	11月	円
4月	円	8月	円	12月	円

1年の合計額 ＿＿ ＋ その他予備費 ＿＿ ÷12ヵ月＝ 毎月の貯蓄額 ＿＿ 円

※10万円ほどあると安心

特別費の例

保険・税金
- ・固定資産税
- ・年払いの保険料（生命保険、子ども保険など）
- ・自営業者の所得税、住民税

車関係
- ・自動車税、自動車重量税
- ・自動車保険料
- ・車検代

住宅
- ・家の修繕費
- ・家電の購入費、修理代

イベント
- ・旅行代、帰省代
- ・結婚式や出産のお祝い
- ・お中元、お歳暮

教育費
- ・受験料
- ・制服などの学用品代
- ・塾などの夏期・冬期講習代

医療費
- ・入院費、治療費
- ・交通事故などの治療費
- ・ペットの予防接種代

スーツやコートなど
高額の被服費も
特別費に

支出に優先順位をつける

あれもこれも必要…と詰め込むと、大変な金額に。リストを書き終えたら一度見直し、①削れないもの、②削りたくないもの、③削れるものに分けて調節を。

安くできる方法を考える

「帰省の交通費は早割を使う」「結婚式のドレスはレンタルで」など、安くできる項目は工夫しましょう。保険料も払い方やプラン変更で安くできないか見直しを。

家計

上手なやりくりの仕方

管理しやすい方法で予算をキープ

きちんと予算を立てても、守れなければ赤字になってしまいます。心配な人は、袋分けなどで支出を管理すると◎。また、夫婦の場合はお金の管理の仕方・ルールを話し合い、一緒に管理する意識を持ちましょう。なんとなく相手に任せていたら貯金できていなかった…ということにならないように。

夫婦の家計管理法

共働きの場合、2人で共有する「家庭口座」をつくり、2人の給与を振込みます。そこから貯蓄や固定費を引き、残額で生活費のやりくりを。お金の流れや残額が明確になり、貯蓄もしっかりできます。

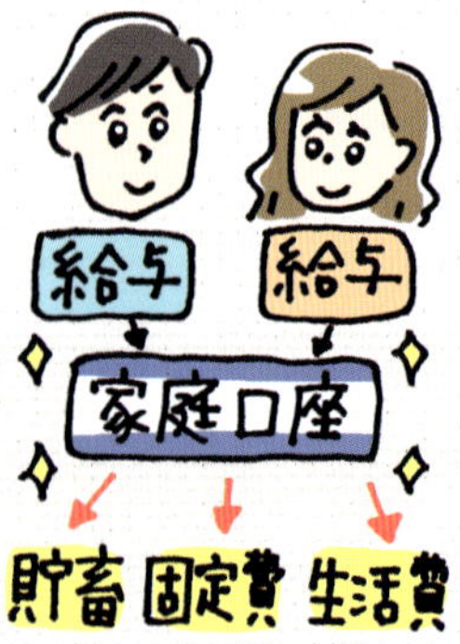

現金以外で払った時は

袋分けで管理しても、クレジットカードやネットで買い物すると正確な残額がわからなくなります。その場合、該当する項目の封筒からお金を出し、「引き落とし用」封筒にまとめましょう。それを引き落とし前に口座に入れればOK。

袋分けの仕方❶ 項目で分ける

1ヵ月の家計管理が不安な人は、袋に分けて管理してみましょう。予算オーバーを防ぎつつ、お金を使うペースがつかめてきます。

項目ごとに封筒に分ける

各項目ごとの予算額を封筒に分け、支払いはその封筒から出します。予算を守って管理できますが、封筒が多く、扱いにくいのが難点。

細かく分けると挫折しやすいので、食費や日用品費などを合わせても OK 。

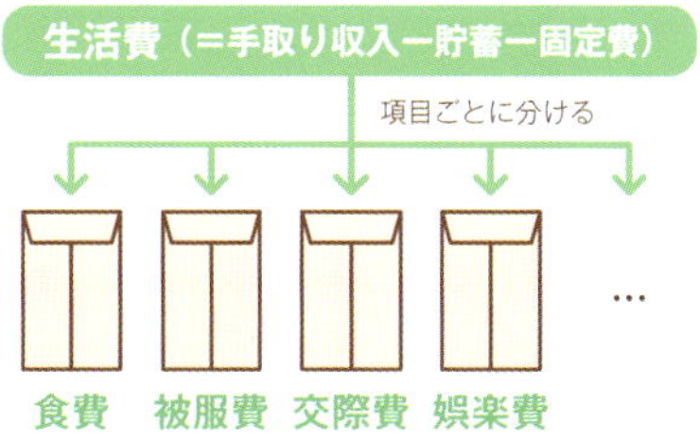

支払い後に残高を書き込む

封筒のお金を使ったら、日付と残高を書きましょう。中身を見なくてもすぐに残高がわかり、便利です。クリアフォルダや透明の袋を使うのも◎。

袋分けの仕方❷ 週で分ける

各項目の予算・支出が意識しづらくなりますが、1週間に扱う封筒の数が1つで済み、管理がラクです。まずは予算内に支出をおさめることに慣れたい人にオススメ。

1ヵ月の生活費を5週で分ける

生活費を5週に分けて封筒に入れ、その金額内でやりくりします。残額が出ても翌週に繰り越さず、最後の週の余りと一緒に、貯蓄や予備費に回しましょう。

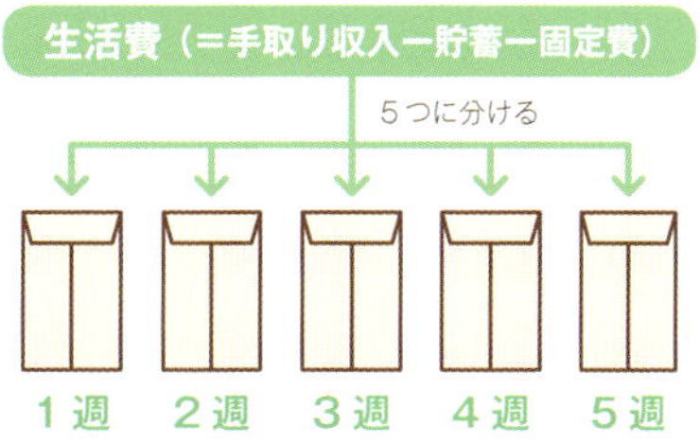

家計

クレジットカードの使い方

余分な手数料を払わず ポイントを有効活用

クレジットカードは現金なしで支払いができ、ポイントを貯めれば様々な特典も受けられます。しかし、お金をいくら使ったかの感覚が薄くなるため、つい使いすぎてしまったり、余分な手数料がかかるなどのデメリットも。使いすぎに注意し、ポイントをうまく貯めて賢く活用しましょう。

カードは1～2枚までに

カードが多いとお金の管理がしづらく、ポイントも分散してしまいます。年会費無料でどこでも使えるスーパーやコンビニ系のカードをメインにし、基本の支払いはそれに集約しましょう。サブが必要なら、自分がよく利用するお店や施設のカードをもう1枚持てば◎。

ポイント還元率
1%以下は
解約の対象に
どっさり…

ポイントを上手に貯める

・固定費や公共料金の支払いに

光熱費や通信費など、必要な支出をカード払いにし、ポイントを貯めましょう（一部の地域では健康保険料や住民税などもカードで払えます）。

・イベント前は利用枠を拡大

結婚式などの大きな出費の前には、カード会社に一時的に利用枠を拡大してもらいましょう。カードで払えば、大きなポイントが得られます。

クレジットカードはここに注意

月々の支払いを少なくすると、その分高額の手数料がかかるので注意しましょう。

手数料ゼロの使い方が鉄則

分割払いは月々の支払額が減りますが、手数料が発生します。手数料がかからない一括払い・2回払い・ボーナス一括払いを選ぶようにしましょう。

リボ払いは高額の手数料を生む

毎月の支払額が一定のリボ払いは、10～18%もの手数料がかかります。追加で買い物すると返済期間が延び、ますます高額の手数料がかかるので注意。

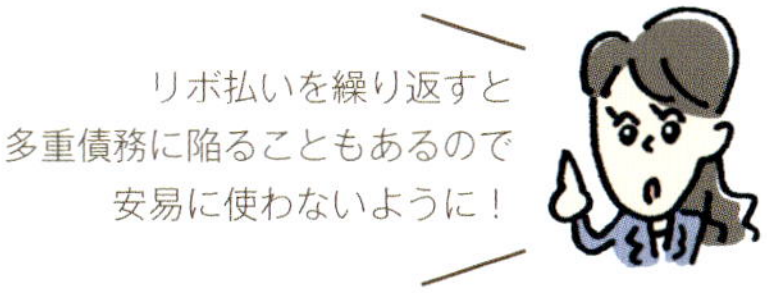

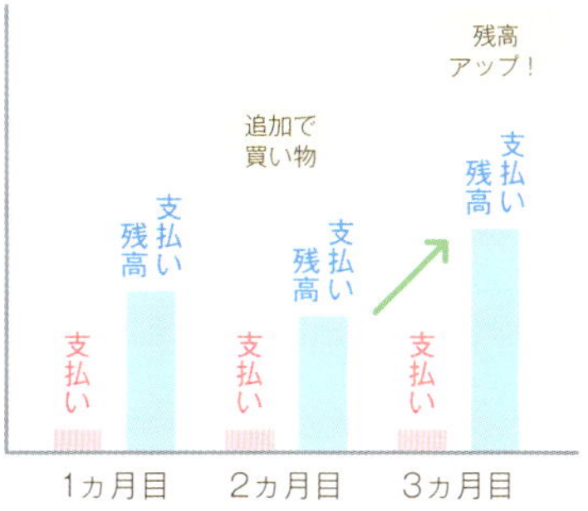

デビットカードなら、口座からすぐに代金が一括で引き落とされます。夜間も手数料無料で使えるので、ATMから現金を引き出す手間も手数料もかからず、便利です。

オトクなカードの例

	カード名	特徴
ネット系	楽天カード	クレジット利用で100円→1ポイント。楽天グループの買い物では2倍になり、1ポイント＝1円で使える。キャンペーンも多く、ポイントを貯めやすい
ネット系	Reader's カード	通常のポイント還元1.5%が、Amazon利用時は1.8%になるので、Amazonをよく使う人にオススメ。年間50万円以上の決済で、翌年度の年会費が無料に
流通系	ファミマTカード	カード提示の買い物やクレジット利用時に、200円→1ポイント貯まる。1ポイント＝1円で、TSUTAYAや飲食チェーンなど幅広く使える
交通系	ビックカメラSuicaカード	Suicaチャージや定期券購入などで、1.5%還元される。ビックカメラのポイントと交換でき、活用範囲が広いのが魅力。年に1回の使用で年会費が無料に
交通系	ANA JCBカード	フライトや日常の買い物でマイルが貯まるので、旅行好きにオススメ

※2014年12月現在のもの

column

買い物&旅行のオトク技

ちょっとした技で、買い物や旅行などをオトクに！

旅行費用は「旅行積立」で貯める

銀行の積立のように、旅行会社に旅行資金を積立てると、早くオトクに貯められます。ツアーだけでなく、航空券や宿泊代に使えるものも。

旅行会社名・積立名	年の平均利回り	使用できる範囲
JTB 「たびたびバンク」	1.50～1.75%	パッケージツアー、国際航空券、宿泊を伴う手配旅行
H.I.S. 「貯めチャオ」	1.60～2.45%	パッケージツアー、ハウステンボスでの買い物 など
近畿日本ツーリスト 「旅したく」	1.50～2.00%	パッケージツアー、国内外の航空券、宿泊券、乗車券 など

※2014年12月現在のもの

1万1,000円の商品券が
1万円で買えるよ
商品券

商品券で金額がプラスに

支払額に10～15%加算された「地域プレミアム商品券」。利用は販売地域限定になりますが、即完売するほどの人気です。

飲料水など、重いものを
運ばずに済むのも◎

日用品をAmazonで購入

「Amazon定期オトク便」を使うと、通常価格の5～10%オフに。定期的に購入する日用品があれば、是非活用しましょう。

第２章

人生をつくるお金

1カ月後
おお～
貯まってる！
BANK
キャーーーッ
なんか
うれしい～
やったー
うーっす
パタン
あ、ねぇねぇ
これ見て～
…あのさ
ちょっと
話があるんだけど
BANK
翌日
えーっ
○○文具
奈美さん、
結婚するんですか～？
いいなーっ
まー～
そろそろかなって…
うふふ

これを機に仕事辞めようかな～
ブイ
既婚
でも結婚資金もバカにならないでしょ
今の時代、できるなら共働きがいいって雑誌で読んだよ
あ、私もそれ読みました～
共働きか専業主婦かで
ガチャ
生涯の収入差が1億円になるそうよ
!?
いちおく
経験済
夫のリストラもあるんだから、収入源は2人の方が安心よ
私も彼の親に言われて豪華な挙式あげたけど…
本当は貯金したかったな
地味婚でいい～
私は～
・・・・・
…なんか、考えることが多そうだぞ…

後日
先生どうしたら…
そんなわけなんです…
結婚って一生に一度のことだから、ついぜいたくしちゃうのよね
私も調子にのってベリーダンサーとか呼んじゃったなー
Hello!
1つのイベント費が高くなると他のイベント費が不足しがちに
そんな時はライフプランシートの出番！
これで人生全体を見てみましょう
らいふ…？
年齢としたいことを書いて、それぞれに必要な金額を書いていくんです
すると何歳の時にいくら必要かが見えてきて…
中谷礼子のライフプラン
年 2015 2016 2017
年齢 夫 35 36 37
私 31 32 33
子 2 3 4
イベント 旅行 車買い替え 住宅購入
お金 20万円 200万円 900万円
カキ カキ
イベントごとの予算バランスが取れたり、適切な貯蓄プランを考えることができますよ

う〜ん…
結婚の先がまだ何も決まってないから書きにくい…
出産？・マイホーム？
なんとなくの希望や年齢でいいんですよ
プランですから
特に女性は人生の選択肢が多く、色々と悩むものです
結婚後の仕事
する？
しない？
子ども
持つ？（何人？）
持たない？
そういう時は、それぞれの選択肢に対し「それを選んだら将来の収入や貯蓄はどうなるか」を計算してみましょう
例：結婚後の仕事について
する
・貯金はいくらプラスに？
・子どもが生まれたら保育料はいくらいる？
しない
・保育料は不要
・貯金はどうなる？
そうすると自分が望む人生を送るためにどうしたらいいかが見えてきますよ
出産までは仕事続けよう!!
そっか…
気分だけで辞めようかと思ってたけど、仕事続けた方が貯金もできていいかも…
カチカチ
カチカチ
電卓
成長してるじゃーんっ!!

センセー
私は車の買い替えと住宅購入で悩んでるんですが…
来年したい〜 でもお金が……
高額のイベントが同時期に来るとやりくりも大変です
時期をずらしたりして負担が集中しないようにするといいですよ
2016年
2017年
車の購入
イドー
住宅購入（頭金）
200万
900万
晩婚で子どもの大学進学と自分の老後スタートが重なる人は負担が重ならないよう準備を
収入ゼロだけど…
高額の教育費
大変だー
イベントも「絶対にかなえたいもの」「かなったらいいなと思うもの」
かなえたい!!
憧れのマイホーム!!
かなったらいいな
家族旅行
必要額決まってる
資格のスクール代
必要額調節できる
結婚式の費用
「必要額が決まっているもの」「必要額が調節できるもの」に分けて、優先順位をつけましょう

イベントプランが決まったら準備期間に応じて貯蓄を分けてみましょう
期間別・貯蓄プラン
短期　年内～来年のイベント用
（来年の旅行資金など）
中期　２～５年くらい先のイベント用
（３年後の結婚資金など）
長期　５年以上先のイベント用
（老後資金など）
「短期」は確実に貯めたいので、預金で貯めていって手をつけないようにします
手堅く。
預金
「長期」は時間の余裕があるので投資で増やすなど
増えろー♥
株
投資
準備期間に合わせた貯め方や増やし方がオススメ
ライフプラン表（↓P64～）をもとに夫婦で話し合えば、将来の暮らしも見えてきます
子どもは2人ほしいな
この辺でマイホームはどう？
将来設計は、夢とお金のバランスを大切に!!
車
子ども
家
結婚
￥

ライフプラン

ライフプランの立て方

人生の設計図を書き実現度を高める

結婚・出産・住宅購入など、人生には様々なイベントがあります。いつ、どんな夢をかなえたいかを明確にしていくのが「ライフプラン」。必要額も一緒に書くことで、どの時期にいくら必要かがわかり、実現に向けての貯蓄プランも考えやすくなります。充実した人生を送るために、ライフプランを立ててみましょう。

ライフプランのメリット

ライフプランを立てると、次のようなメリットがあります。

・将来の夢が明確になる
・実現に向けての貯蓄プランが立てられる
・目標ができ、家計管理や貯蓄への意欲がわく

目標貯蓄額から逆算すれば毎月の貯蓄額もわかるよ
目標額
貯金

共働きがオススメ

世帯主だけが働く家庭と夫婦共働きの家庭では、生涯収入の差が1億円以上になることも。夫婦ともに正社員なら社会保障も手厚く、どちらかが病気やリストラで働けなくなった時にリスク分散もできるなど、様々なメリットがあります。ただし、共働き家庭の方が支出は多くなりがちです。子どもがいる場合は、保育料が必要になることも。家計のバランスや家事・子育ての負担がかたよらないよう、夫婦で話し合いましょう。

ライフプランの書き方

以下のステップを踏みながら、P64～65の表に書き込んでみましょう。

❶家族の名前と年齢を書く

子どもが生まれていない場合は、希望の年に記入しましょう。

↓

❷やりたいことを書く

かなえたい夢や家族のイベントを、全て書きます。未確定のことも、希望をもとにひとまず書き込みましょう。

↓

❸必要額を記入する

イベントや夢に必要な金額を書きます。イベントが集中して1年の必要額が多くなったら、どれかを動かして調節を。

書いていくうちに
「服を買うより旅行資金を貯めたい」
など、優先順位も見えてくるよ

記入時のポイント

以下のポイントをもとに、まずはざっくり書き込んでいきましょう。書いていくうちに全体像がつかめてきます。細かな調節・変更は、一通り書いてからすればOK。

- 確定・未確定は問わずに書く
- 「実現できるか」「お金はあるか」は考えず、自分の希望を優先する
- 金額はわかる範囲で入れ、不明確なものは大体の金額を入れる
- 住宅購入を希望する場合、頭金の予定額などできるだけ具体的に書く

20代は結婚などで生活も変わりやすいので、まずは10年先ぐらいまでのプランでOK。

30代以降の人は老後のことも考えられるよう、30年分つくるのがオススメです。

年	年	年	年	年	年
歳	歳	歳	歳	歳	歳
歳	歳	歳	歳	歳	歳
歳	歳	歳	歳	歳	歳
歳	歳	歳	歳	歳	歳

④貯蓄残高がマイナスになる場合、将来借入の必要が出てきます。マイナスが大きかったり、何年か続く場合は家計が破綻してしまう可能性もあるので、注意しましょう。

ライフプラン&キャッシュフロー表

P63を参考に、ライフプラン&キャッシュフロー表を書いてみましょう。

		西暦	年	年	年	年
家族	名前		歳	歳	歳	歳
	名前		歳	歳	歳	歳
	名前		歳	歳	歳	歳
	名前		歳	歳	歳	歳
	イベント内容（自動車購入、小学校入学、旅行、住宅購入など）					
収入	夫	手取り年収				
	妻	手取り年収				
	継続的な収入（児童手当など）					
	一時的な収入（退職金など）					
	❶世帯収入合計					
支出	生活費（食費や日用品費など）					
	住宅費					
	教育費					
	保険料					
	継続的な支出（帰省代など）					
	一時的な支出（イベント費）					
	❷支出合計					
❸年間収支（❶−❷）						
❹貯蓄残高（前年❹＋今年❸）						

③年間収支がマイナスになっている年は、収入と支出のバランスが崩れ、貯蓄を取り崩している状態です。特別な支出がない年は、プラスになるように調整しましょう。

ライフプラン

貯蓄プランの立て方

貯め時を活用して上手に貯蓄しよう

ライフプラン表ができ、今後の目標や必要額がわかったら、月々の貯蓄額を割り出しましょう。人生の貯め時を参考に、長期的な貯蓄プランを立てるのもオススメです。

人生の貯め時は3回

①独身～夫婦のみの生活

子どもの養育費などがかからず、夫婦がフルタイムで働ける、人生最大の貯め時。共働きなら夫の収入だけでやりくりし、妻の収入は全て貯金に回すのもオススメ。

②子どもが小学生くらいまで

子どもが幼稚園・保育園へ上がる前や小学生の時期に、将来の教育資金を準備しましょう。中学・高校・大学と、必要になる教育費は徐々に増えていきます。

③子どもの独立後～定年まで

教育費がなくなるので、老後資金などを貯めましょう。生活をスリム化し、支出を抑えるのも大切。

生涯の貯蓄残高の推移のイメージ

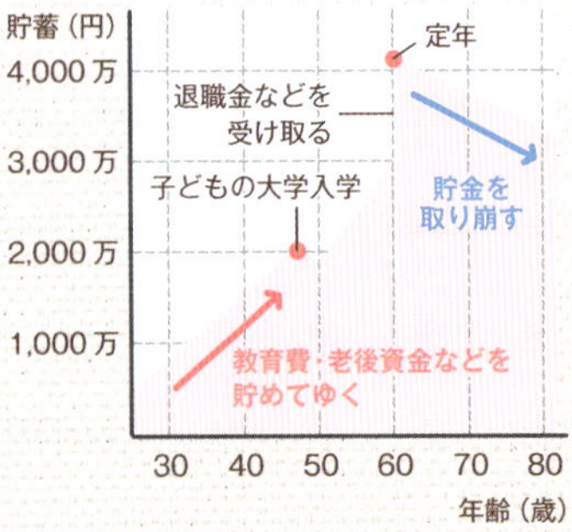

貯蓄プランの立て方

P64～65でライフプランを立てたら、それぞれのイベントの金額などを書き込み、貯蓄プランを立てましょう。

イベント	❶必要額	❷準備期間（あと～年）	❸準備できている金額	❹必要貯蓄額（❶－❸）	❺年間貯蓄額（❹÷❷）
				❻年間貯蓄額の合計	

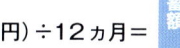

（年間貯蓄額の合計 ⑥　　円－ボーナスから　　円）÷12ヵ月＝毎月の貯蓄額　　円

※あてられる額があれば記入

貯蓄プランの見直しポイント

キャッシュフロー表（→P64～）は「書いて終わり」ではなく、そこにある課題や問題点を見つけ、対応策を考えることが大切。早めに対処すれば、負担も軽くなります。

マイナス収支は見直す

「住宅ローンの頭金を払った」など、一時的な理由以外でマイナスが数年続くのはNG。基本的にはプラスになるよう調節し、将来の貯蓄残高を増やしましょう。

定年時の貯蓄残高も確認する

定年時の貯蓄残高がプラスでも、その後の収入や年金と合わせて老後に必要な資金に足りていなければNG。貯蓄プランなどを見直しましょう。

キャッシュフロー表からは、収入が下がる時期（出産・子育てで仕事ができなくなるなど）も予測できます。それをもとに、お金を使う時期・貯める時期を調節しましょう。

仕事

転職・失業に関わるお金

資金の準備と手続きを忘れずに

会社の倒産やリストラ、自分の意志での退職以外にも、女性は結婚や出産、子育てなどのライフイベントの関係で離職することがあります。失業や再就職に関わるお金について知り、必要な手続きをきちんと行うようにしましょう。また、転職活動中は保険料などの負担も大きくなるので、準備資金を用意しておくと安心です。

退職時に受け取るもの

・離職票
失業給付（↓P70）の受給手続きに必要です。

・雇用保険被保険者証
雇用保険の手続きに必要。転職先の会社に提出します。

・源泉徴収票
年末調整（↓P24～）や確定申告（↓P26～）に必要です。

・年金手帳
会社が保管していた場合は、必ず受け取りましょう。

失業時の備えの目安は？

失業は民間保険ではカバーできず、自己都合で退職した場合は失業給付（↓P70）も3ヵ月後からに制限されます。転職活動費や生活費を自分の貯蓄で補うことになるので、生活費の半年分を目安に準備しておきましょう。

年金の保険料免除や納付猶予（→P123）を活用するのも◎

退職・失業時に必要なお金と手続き

失業すると、これまで給与天引きされていた保険料などを自分で納めることになります。手続きを忘れずにしましょう。

健康保険

以下の３つの方法から選びます。①と②は市区町村と勤務先それぞれの保険料を確認し、安い方を選びましょう。

❶国民健康保険に加入する

❷退職前の健康保険の「任意継続被保険者」になる

❸家族の健康保険の扶養に入る

②の手続きは、退職日の翌日から20日以内にする必要があるので注意しましょう。

年金

退職から14日以内に、市区町村役場または配偶者の会社で手続きし、該当するものに加入しましょう。

手続きが遅れると
年金が減額される
こともあるので
注意！

❶第１号被保険者になる
（自営業・学生・失業者が加入）

❷第３号被保険者になる
（会社員の扶養家族になる）

健康保険や年金の扶養に入れば、保険料の負担は増えません。ただし、失業給付（→ P70）を受けている間は扶養に入れない場合が多いので気をつけましょう。

所得税

離職後、年内に再就職しなかった場合は、確定申告（→ P26～）をしましょう。年内に再就職した場合は、再就職先で年末調整（→ P24～）をしてもらいます。

住民税

前年の収入に対してかかるので、失業中も納める必要があります。退職後に送付される納付書で納める（普通徴収）か、退職時に一括で納めます（一括徴収）。

失業時にもらえるお金

失業した場合、一定の条件を満たせば雇用保険から基本手当（失業給付）がもらえます。年齢や勤続年数、離職理由などで金額や受給期間が変わるので、気をつけましょう。

受給条件

以下の２つの条件を満たす人が、給付対象になります

❶ 働く意思・能力があり、再就職に向けて活動していても、職業に就くことができない「失業の状態」にある

❷ 離職日までの２年間に「被保険者期間」が通算 12ヵ月以上ある（※倒産・解雇による失業の場合は、離職日までの１年間に「被保険者期間」が通算６ヵ月以上）

結婚や海外留学
などですぐ就職
できない時は
もらえません

支給額

基本手当日額は、離職日直前の６ヵ月の給与合計を180で割った金額の約 50 ～ 80%（賃金が低いほど率が上がります）。年齢ごとに上限があります。

支給上限額 ※ 2014 年 8 月現在のもの

年齢	上限額
30 歳未満	6,390 円
30 歳以上 45 歳未満	7,100 円
45 歳以上 60 歳未満	7,805 円
60 歳以上 65 歳未満	6,709 円

給付日数

<table>
<tr><th colspan="2">被保険者期間 / 離職理由・年齢</th><th>1年未満</th><th>1年以上
5年未満</th><th>5年以上
10年未満</th><th>10年以上
20年未満</th><th>20年以上</th></tr>
<tr><td rowspan="5">会社都合</td><td>30 歳未満</td><td rowspan="5">90日</td><td rowspan="3">90日</td><td>120日</td><td>180日</td><td>—</td></tr>
<tr><td>30 歳以上 35 歳未満</td><td rowspan="2">180日</td><td>210日</td><td>240日</td></tr>
<tr><td>35 歳以上 45 歳未満</td><td>240日</td><td>270日</td></tr>
<tr><td>45 歳以上 60 歳未満</td><td>180日</td><td>240日</td><td>270日</td><td>330日</td></tr>
<tr><td>60 歳以上 65 歳未満</td><td>150日</td><td>180日</td><td>210日</td><td>240日</td></tr>
<tr><td>自己都合</td><td>全年齢</td><td>—</td><td colspan="2">90日</td><td>120日</td><td>150日</td></tr>
</table>

受給期間は、離職の翌日から１年間。しかしケガや病気、出産や育児、介護などで引き続き 30 日以上仕事に就けない場合、届出すれば最大３年間まで延長できます。

再就職などでもらえるお金

再就職に向けての活動中や再就職した時も、様々な手当や奨励金がもらえます。

教育訓練給付金

指定の教育訓練講座を修了した場合、受講費用の 20%（上限 10 万円）までが支給。雇用保険の被保険者期間が 3 年以上（初回は 1 年以上）あることが条件。

行政書士・公認会計士・
ウェブデザインなど
様々な講座が対象に！

指定の公共職業訓練などの受講で、移転が必要になる場合は「移転費」、職業安定所の紹介で広範囲にわたる求職活動をする場合は「広域求職活動費」などが支給される場合も。

失業給付の支給残日数が
1／3 以上であることが
条件の1つ！
1/3
所定給付日数

再就職手当

再就職すると失業給付は終わりますが、一定の条件を満たせば、再就職手当が支給されます。給付率は 50%か 60%で、早く再就職するほど高くなります。

再就職手当の支給額は、基本手当日額×失業給付の支給残日数× 50%か 60%です。

U・J・I ターン奨励金

再就職で U ターン・J ターン・I ターンする人に支給される奨励金。人口の減少に悩む地域で多く取り入れられており、金額は自治体によって異なります。

就業促進定着手当

再就職先に 6 ヵ月以上勤務し、その賃金が離職前の賃金よりも低い場合に支給されます。

結婚

結婚・離婚に関わるお金

援助なども受けて満足いくイベントに

結婚が決まると、挙式や新生活準備などでまとまったお金が必要になります。特に結婚式は「一生に一度のことだから」とあれこれこだわると、あっという間に予算オーバーに。絶対に外せないアイテムや演出の優先順位をつける、各費用の上限を決めるなどして、予算を超えないようにしましょう。

離婚時にかかるお金は？

・財産分与・慰謝料

金額は離婚の原因と内容、夫婦の収入、資産状況で決まります。浮気や暴力などで離婚に至った場合、慰謝料を請求されることも。

・子どもの養育費

離婚時に子どもがいる場合、親権の有無に関わらず、子どもの養育費を負担する義務があります。通常の期間は「子どもが成人するまで」で、金額は夫婦の収入や子どもの年齢をもとに決めます。

離婚による年金分割

年金の「合意分割制度」を使うと、婚姻中の厚生年金を分割することができます。専業主婦など、第3号被保険者だった期間がある人は、「3号分割制度」も活用可能。請求期間はともに離婚から2年以内なので注意しましょう。

結婚にかかるお金の平均

式の内容などによりますが、結婚資金は200万円を目安に貯めましょう。親に援助してもらえる場合も、自分たちの負担額を把握して早いうちから貯金を。

式の自己負担額は125万円

挙式と披露宴、披露パーティーなどの平均費用は333.7万円。ご祝儀の平均額は227.9万円。これらをもとにした、実際の自己負担額の平均は125.0万円です。

※『ゼクシィ 結婚トレンド調査2014』より

各費用の平均額

婚約指輪	36.2万円
結婚指輪(2人分)	23.9万円
衣裳(2人分)	56.4万円
新婚旅行	60.6万円

67%のカップルが親からの援助を受けています

親からの援助は非課税に

援助額の平均は157.7万円。通常、年間110万円を超える財産を受け取ると贈与税がかかりますが、結婚費用を両親が負担した場合は非課税になります。

※『ゼクシィ 結婚トレンド調査2014』より

結婚式の費用をクレジットカードで払い、マイレージを新婚旅行に使うのも◎(→P52)。

新生活にはいくら必要？

優先順位をつけ、必要なものからそろえていきましょう。

新生活費用の平均は78.1万円

新居の敷金や礼金、引っ越し代、家具や家電など、新生活には意外とお金がかかります。一度にそろえるのは負担大なので、徐々に買い足していくのもオススメ。

※リクルート ブライダル総研『新生活準備調査2014』より
※右の表は各費用がかかった人の平均額のため、合計額と総額の平均額(78.1万円)は異なる

各費用の平均額

インテリア・家具	44.6万円
家電製品	36.9万円
賃貸費用(敷金・礼金)	19.4万円
引っ越し代	6.4万円

妊娠
出産

妊娠・出産に関わるお金

手厚い助成金制度が妊娠・出産をサポート

妊婦健診や分娩・入院にはまとまった費用がかかりますが、国や自治体からの助成金でまかなえることがほとんどです。また、自治体によっては子どもが生まれる度に「出産お祝い金」がもらえたり、里帰り出産の助成金や通院用のタクシー券の発行などがある場合も。自治体などに問い合わせてみましょう。

保険の加入は妊娠前に

早産や帝王切開などで入院や手術をした場合、加入している医療保険によっては給付金が出ます。ただし、妊娠判明後に新規で医療保険（→P152～）に入ろうとすると、妊娠・出産などの保障が制限される場合も。医療保険の加入は妊娠前に検討しましょう。

不妊治療はいくら必要？

体外受精や顕微受精は、自治体から助成金が出ることも。また、排卵誘発剤で妊娠を促す「タイミング法」は保険が適用されますが、人工授精からは保険が使えない自由診療になります。治療費以外にかかる費用などについても、事前にきちんと説明を受けましょう。

主な治療費の目安

人工授精	約１～３万円
体外受精	約30～50万円
顕微受精	約30～50万円

妊娠中にもらえるお金

下記のもの以外に、出産予定日まで１ヵ月以内、または妊娠４ヵ月以上で一時的な医療費が必要になった時、健康保険から無利子でお金が借りられます（出産費貸付制度）。

※上限は出産育児一時金（→P76）の８割まで。また、出産育児一時金の直接支払い制度を利用する場合は、借りられません。

母子手帳の受け取り時に助成手続きを行うことが多いです

妊婦健診費用助成

妊娠判明から出産まで、平均15回ほど妊婦健診を受けますが、その費用は市区町村の助成で数回～14回まで無料に（上限あり）。手続きは市区町村役場へ。

健康保険で自己負担額を３割に

基本的に妊娠・出産に健康保険は使えませんが、一部の治療には適用されます。

健康保険の適用例

妊娠中
- 重度のつわり
- 切迫流産、早産
- 流産
- 早産
- 逆子
- 子宮頸管《けいかん》無力症
- 妊娠高血圧症候群
- 死産 など

出産時
- 帝王切開
- 陣痛促進剤の使用
- 吸引・鉗子《かんし》分娩
- 新生児集中治療室への入院 など

働く女性が対象

傷病手当金（→P147）

つわりや切迫流産、早産で４日以上休業した場合、１日の給与（標準報酬日額）の2/3が健康保険から支給されます。期間は最長１年６ヵ月まで。

休業中、傷病手当金より多い報酬を受けた場合は支給されません

年間医療費が10万円を超える場合、確定申告で所得控除が受けられます（→P26～）。また、健康保険の自己負担額が一定額を超えた時も、高額療養費制度で返金されます（→P146）。

出産時にもらえるお金

分娩・入院費の平均は 48 万 6,376 円※ですが、大部分は出産育児一時金で補えます。個室代や無痛分娩代などは自己負担になるので注意を。※ 2012年、厚生労働省調べ

自治体によっては付加給付がつくよ

出産育児一時金

分娩・入院費として健康保険から支給。子ども 1 人につき 42 万円（多胎の場合は人数分）。加入している健康保険や自治体で手続きを。

※産科医療補償制度に未加入の医療機関の場合、40.4 万円

事前申請すれば医療機関に直接払われ、出産時に残額を払えばいいので負担減に。また、妊娠22週未満での出産や、流産・死産・人工妊娠中絶の場合は子ども 1 人につき 40.4 万円支給。

出産手当金

働く女性が対象

出産で会社を休んだために給料が支払われない場合、健康保険から支給されます。国民健康保険の人は対象外。手続きは勤務先へ。

支給額

標準報酬日額× 2/3 ×産休日数

対象期間

出産予定日までの 6 週間＋出産後の 8 週間までに取った産休

出産後にもらえるお金

病気やケガをしがちな子どもの医療費も、自治体が助成してくれるので安心です。

乳幼児・子ども医療費助成

乳幼児の医療費の一部か全額を、自治体が負担してくれます。自治体ごとに助成内容や対象年齢は異なるので、詳細や手続きは市区町村役場へ。

中学生まで助成する自治体が増えてるよ

健康保険に加入している乳幼児が対象になるので、手続きを忘れずにしましょう。

育児休業中にもらえるお金

育児休業は、勤続年数が1年以上であれば男女ともに取得できます。産休・育休中（子どもが3歳になるまで）は、健康保険・厚生年金保険料が免除されます。

働く人が対象

育児休業給付金

育児休業を取る場合、雇用保険から支給されます。手続きは勤務先へ。

支給額

休業開始時賃金日額×支給日数×67%
（育休開始日から181日目以降は50%）

雇用保険に1年以上の加入で派遣社員やパートの人も対象に

育児休業について

1人の子どもについて、父親・母親ともに原則1回取得できます。夫婦の休業期間は重なっていても別々でもOK。育児休業開始予定日の1ヵ月前までに会社に申請を。

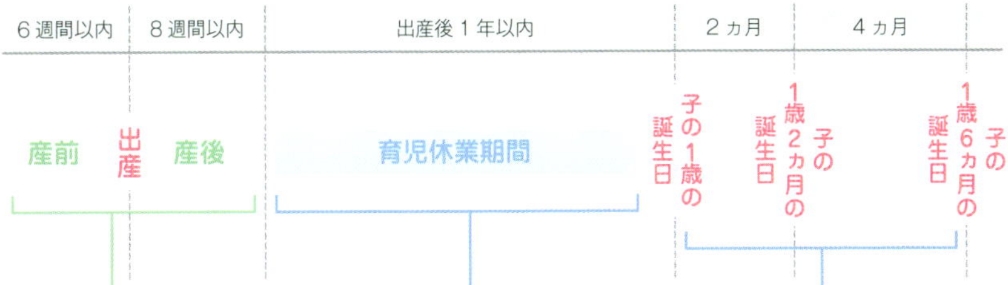

産前産後休業（産休）

産前は出産予定日を含む6週間（双子以上は14週間）以内、産後は8週間以内の休業。

この期間中の休業日に対して、出産手当金（→P76）が支給されます。

育児休業（育休）

養育する子の満1歳の誕生日の前日まで取れる休業。

父親・母親がそれぞれ取得できる休業期間（母親は産後休業期間を含む）の上限は1年間。

パパママ育休プラス

父親と母親がともに育児休業を取る場合、子どもが1歳2ヵ月になるまで休業期間を延長。

育児休業の延長

養育者の病気や保育所に入所できないなど、一定の条件を満たせば、子どもが1歳6ヵ月になるまで休業期間を延長。

出産後8週間以内に父親が育児休業を取得した場合、特例で育児休業を再度取得できます。

子育て

子育てに関わるお金

1人3000万必要 生まれたらすぐ準備を

　子どもの養育費や教育費は、子どもの数や通う学校（公立・私立など）、育て方などで大きく変わります。教育費がかさむと、住宅購入など他のライフイベントに影響を及ぼすことも。ライフプラン（↓P62〜）とともに教育プランを考えましょう。特に大学は私立を選択することも多く、浪人する場合もあるので、多めに準備しておくと◎。

保育料はいくら必要？

共働きの場合、子どもを保育園などに預ける必要が出てきます。

・認可保育園

子どもの年齢と所得で保育料が決まり、月2〜5万円ほど。3歳以降は保育料が安くなる傾向に。

・認可外保育園

所得に関係なく、子どもの年齢や利用時間で保育料が決定し、月5〜10万円ほど。個性的な保育をしていたり、延長保育などの利点も。

孫への教育資金贈与制度

祖父母から孫・ひ孫へ、まとめて教育資金を贈与する制度。孫1人につき1500万円まで非課税になります（2015年末まで）。金融機関で専用の教育資金口座を開き、利用します。孫が30歳になった時点で終了となり、残額には贈与税がかかるので注意を。

養育費・教育費はいくらかかる？

子ども１人が大学を卒業するまでに、オール公立でも2,500万円近くかかります。他に塾や受験料、習いごと代なども必要になるので、早めに貯蓄プランを立てましょう。

基本養育費は1,640万円

子どもが生まれてから大学を卒業する22歳までにかかる基本養育費（教育費は除く）の平均は1,640万円です。

※ AIU保険会社『AIU現代子育て経済考2005年度版』より

幼稚園～高校の学費

	公立	私立
幼稚園	約69万円	約146万円
小学校	約183万円	約853万円
中学校	約135万円	約389万円
高校	約116万円	約290万円
合計	オール公立 約503万円	オール私立 約1,678万円

※文部科学省『平成24年度 子どもの学習費調査』をもとに作成
※給食費や学校外活動費も含む

大学の学費 ※（　）内は初年度納入金額

国立大	約244万円（約82万円）
私立大文系	約385万円（約115万円）
私立大理系	約518万円（約150万円）
私立大医歯系	約2,317万円（約472万円）

※国立は文部科学省の標準額、私立は文部科学省『私立大学院入学者にかかる初年度学生納付金平均額の調査結果2012』をもとに作成
※学費は、初年度の納入金額（入学料や授業料）、在学中の授業料や施設設備費などの合計

私立の小・中学校は、受験塾の費用や受験料、交通費などで学費以外に100～200万円必要になることも。自治体によっては私立幼稚園児がいる家庭への助成金もあります。

教育費がかさむピークは？

子どもが大学生の時期は、多額の教育費がかかります。私立は学費だけでも年間100万円前後の支出に。下宿をしたり、子どもの大学進学が重なると大きな負担になります。

大学生の年間平均生活費は自宅通学で約43万円、１人暮らしで約110万円。１人暮らしの生活費は約65%が親からの仕送りです。※独立行政法人日本学生支援機構『平成24年度学生生活調査』より

子育て中にもらえるお金

子育てを支援する様々なサポートを知り、活用しましょう。

児童手当

中学生までの子を養育している人に支給されます（所得制限あり）。申請が遅れたり、引っ越しなどで手続きを忘れた場合、さかのぼっての受給はできないので注意。

支給額	0～3歳未満：月1万5,000円 3歳～小学生：月1万円 （第3子以降は月1万5,000円） 中学生：月1万円
支給方法	毎年2月・6月・10月に、その前月までの4ヵ月分が支給
支給期間	子どもの誕生～15歳になって最初の3/31まで
手続き	子どもの誕生から15日以内に、市区町村役場で申請

※所得制限を超える場合は、月5,000円が支給される

保育支援制度を活用する

認可外保育園の保育料を自治体が補助してくれます。また、幼稚園入園時に入園補助金（1～3万円程度）がもらえることもあるので、自治体に問い合わせを。

低所得の家庭や養護学校に通う家庭には、就学奨励金（就学援助）が出ることもあります。

自治体による助成

※実施内容や受給条件、金額などは自治体によって異なる

名称	内容
高等学校等就学支援金	国公私立問わず高校に通う子どもがいて、年収約910万円未満の世帯に月9,900円（年間11万8,800円）まで支給される。私立高校の場合は、加算がある
就園奨励費補助金	私立幼稚園の保育料の一部を自治体が負担。所得額や何人目の子どもかによって、補助金の額が変わる
チャイルドシート購入費助成	6歳未満の子を持つ家庭を対象に、チャイルドシートの購入費の一部（5,000～1万円程度）を自治体が助成。チャイルドシートの無料レンタルをする自治体も

母子・父子家庭がもらえるお金

離婚や未婚、死別などで１人で子どもを育てている家庭にも様々な支援があります。

名称	内容
児童扶養手当	収入に応じて月9,680円～4万1,020円を支給（所得制限あり）。２人目の子は5,000円、３人目以降は１人につき3,000円加算。子どもが18歳になる年度末まで受け取れる
児童育成手当	一定の所得条件を満たすとともに、夫または妻と生計を別にし、子どもを育てている人が対象（祖父母が育てている場合も対象に）。金額は自治体によって異なり、子どもが18歳になる年度末まで受け取れる

その他、「母子・寡婦《かふ》福祉資金貸付金」「ひとり親世帯医療費助成制度」「高等技能訓練促進費」「自立支援教育訓練給付金」「公営住宅優先入居」などが利用できます。

教育資金の貯め方のコツ

大学入学までに子ども１人につき300万円貯めるのが１つの目安。毎月の家計を圧迫したり、老後資金を減らすことにならないよう、子どもが小さいうちから貯めましょう。

生まれたらすぐに貯め始める

子どもが生まれたら、出産祝いや児童手当なども全て貯めていくのがオススメ。子ども名義の口座をつくり、途中で引き出さないようにしましょう。

貯金目標と毎月の貯蓄額

子どもが大学に入学するまでの目標額を出し、貯蓄プランを計算してみましょう。

目標貯蓄額［　　　］円÷［　　］年÷12ヵ月＝毎月の貯蓄額［　　　］円

※P79などを参考に、子どもが18歳になるまでの目標額を記入

※子どもが18歳になるまでの年数を記入

子どもの誕生時から月１万4,000円ずつ貯めると、18歳の時には約300万円貯まります。

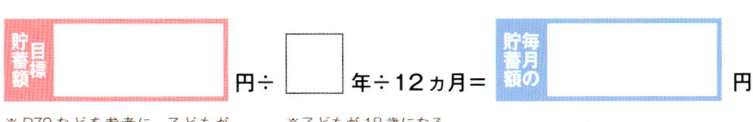

教育資金を貯める方法

積立定期預金の他に、保険で貯める方法も。貯金が苦手な人も確実に貯められます。親の死亡時にも資金準備ができ、生命保険料控除（→P130）で税金が安くなるメリットも。

学資保険（こども保険）

教育資金準備を目的とした貯蓄型の保険。大学入学前など、子どもの進学に合わせて満期を決めます。毎月保険料を払い、満期に満期保険金を受け取ります。

特徴

- 親（契約者）が亡くなった場合、以降の保険料の支払いが免除され、満期に満期金が受け取れる（「育英年金」として満期まで給付金が出るタイプもある）。
- 子どもの病気や死亡への保障がついている商品もある（ただし、死亡や医療保障、入学時の祝い金などの保障が厚くなると、保険料が高くなったり、元本割れする可能性がある）。
- 契約時の利率が満期まで適用されることが多く、金利が上がると運用メリットが下がる。

保障より貯蓄重視なら
返戻率が 100%以上の
商品を選びましょう

教育資金の準備期間は10年以上なので、一部を投資信託（→P184～）などで運用するのも◎。

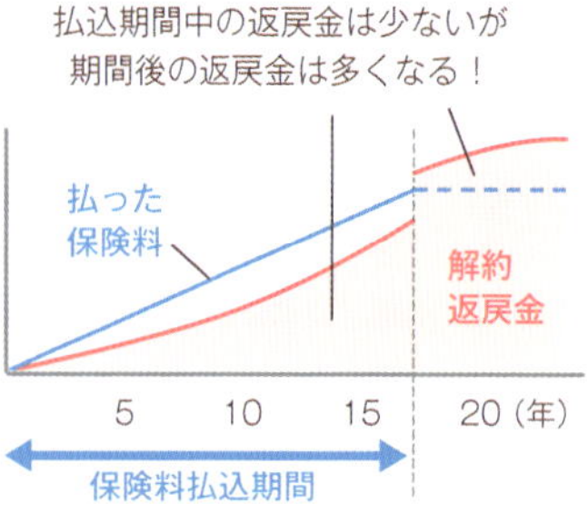

低解約返戻金型終身保険

支払期間中の解約返戻金を低くするかわりに、保険料が割安になる終身保険。払込期間や解約返戻金の受け取り時期を、ある程度自由に決められます。

親（被保険者）が死亡した場合、すぐに保険金が受け取れ、以後の保険料の支払いは不要に。ただし途中解約時の元本割れが大きくなるため、無理のない金額で積立てましょう。

奨学金制度を活用

教育資金が足りない場合、国や自治体などが無利子・低利子で貸してくれる奨学金も使えます。高校や大学に通う子どもが借り、社会人になってから返済していきます。

日本学生支援機構奨学金

第一種奨学金

無利子で借りられますが、その分学力や家計などの条件は厳しめです。

貸与月額　3～6万4,000円（大学の場合）

第二種奨学金

年利3%が上限の金利がつき、在学中は利子はつきません。第一種に比べて条件が緩やかで、募集人数も多め。

貸与月額　3～12万円（大学・短大・高専・専修の場合）

※貸与月額は平成26年度のもの

学校が特待生や
成績優秀者などに無償で
学費を提供する「給付型」の
奨学金もあります
奨学金

私立高校の場合、学校が入学費用の一部を無利子で貸してくれたり、自治体が授業料の一部を返済義務なしで助成してくれるところも。詳しくは学校や自治体に問い合わせを。

様々な教育ローン

奨学金との違いは、借りるのも返済するのも親ということ。民間の教育ローンは銀行や労働金庫など多くの金融機関が扱い、無担保型と有担保型があります。

教育一般貸付（日本政策金融公庫）

国の教育ローンとして知られ、民間ローンより低金利、無担保、固定金利で借りられます。年収制限があり、借入限度額は350万円。返済期間は最長15年。

民間の教育ローン

銀行や労働金庫、JAなどの金融機関が扱うもの。国のローンより金利は高めで、借入限度額は300～500万円程度です。

教育ローンは用途が教育費に限定されるため、一般のローンに比べて金利は低めです。また、無担保型より有担保型の方が金利は低くなります。

車

車の購入・維持に関わるお金

購入後の維持費も大きな支出に

車は、住宅に次いで大きな買い物の１つ。購入費はもちろんのこと、駐車場代やガソリン代、保険料や税金、車検料など、購入後も様々な維持費がかかります。日常生活に車が必要であれば別ですが、使用頻度がそんなに多くない場合は、車の所有が本当に必要かどうかを検討しましょう。

カーシェアリングも活用

月に数回しか使わない程度なら、カーシェアリングも検討しましょう。登録料や月会費、利用料などがかかりますが、毎月の駐車場代やガソリン代、税金などを考えると、所有するより安く車を使えてオトクです。

スマホで空き車両が
検索できるなど
使い勝手も◎

廃車で税金が返ってくる

自動車税は、４月に自動車を持っている人に課されます。通常、１年分をまとめて支払うため、その後に廃車すると、廃車の翌月～翌年３月までの自動車税が返ってくることがあります（軽自動車の廃車の場合は返ってこないので注意しましょう）。また、一定の条件はありますが、自動車重量税も同様に返ってくるケースがあります。車を手放したり買い替えた時には、確認してみましょう。

車の購入時・購入後にかかる主な費用

購入時だけでなく、購入後の維持費も確認しましょう。また、購入時に車庫証明や納車を自分でやれば、手数料ゼロに。車庫証明は警察署に申請書を出せばOKです。

		新車購入時	毎年	車検時
税金	自動車税	○	○	
	自動車取得税	○		
	自動車重量税	○		○
保険料	自賠責保険料（強制）	○		○
	任意保険料	○	○	
その他	新規・継続登録料	○		○
	自動車リサイクル費用	○		
	整備・検査料			○
	販売諸費用	○		

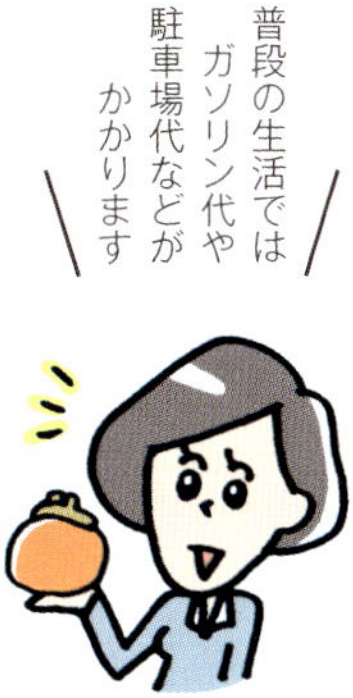
普段の生活では
ガソリン代や
駐車場代などが
かかります

車にかかる費用を安くするコツ

購入費・維持費ともに、少しでも安くなるよう工夫しましょう。キャッシュで一括購入すれば、ローンでの数万～数十万円の利息を払わずに済みます。

様々なローンを検討する

ディーラー系のローンは本体の値引きやオプションサービスがあったり、金融機関のローンは金利が低めなど、特徴は様々。総支払額をもとに検討しましょう。

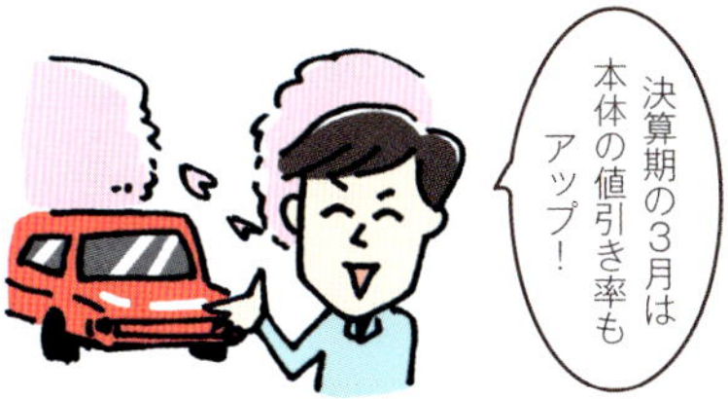
決算期の3月は
本体の値引き率も
アップ！

税込み年収（所得税などを引く前の年収）に対し、自動車などのローンの年間返済額が一定の割合を超えていると、住宅ローンが組めなくなったり、満額借りられなくなります。

維持費の安い軽自動車にする

軽自動車やコンパクトカーなら、本体価格はもちろん、税金や自動車保険料も安くなります。燃費がよく、ガソリン代も抑えられるので維持費も大きくカットできます。

介護

介護に関わるお金

1人につき年間90万 様々な支援の活用を

要介護者は年々増加しており、75※歳以上で約2割が介護状態に。介護状況にもよりますが、介護費用は1人につき年間90万円かかるケースも。親が元気なうちに介護施設などの情報を集め、介護の希望（在宅や施設への入居など）や資金について話し合っておきましょう。

※内閣府『平成26年版高齢社会白書』より

介護費用や年金を確認

親の介護費用を援助する場合は、自分の老後資金などに影響が出ないよう配慮しましょう。また、親の年金や貯蓄額、加入している保険の保障内容などを、親が健康なうちに確認しておくことも大切です。

「自分の老後の参考に…」などと言って聞き出すと◎

仕事と介護の両立を

親の介護をするため、休職や退職を考える人もいますが、そのためにキャリアが途絶えてしまうと、その後の貯蓄やライフプランにも影響が出ます。仕事とうまく両立できるような介護環境を整えることも考えましょう。

全国にある地域包括支援センターで相談やサービスが受けられます

介護度に応じて受けられる介護サービス

介護保険は40歳から加入し、要介護・要支援状態になった時に様々な介護サービスが受けられます（40～64歳は特定の病気で要介護・要支援状態になった時に限定）。

	状態	受けられるサービス	
要介護1～5	入浴や食事、歩行などに支援が必要だったり、寝たきり・認知症で常に介護が必要な状態。在宅と施設でのサービスが受けられる	[施設サービス] ・特別養護老人ホーム ・介護老人保健施設 ・介護療養型医療施設 [居宅サービス] ・訪問介護　・訪問看護 ・通所介護 ・短期入所サービス など [地域密着型サービス] ・夜間対応型訪問介護　・認知症対応型共同生活介護 など	介護給付
要支援1～2	日常生活に簡単な支援が必要だったり、要介護にならないよう予防が必要な状態。在宅でのサービスが受けられる	[介護予防サービス] ・介護予防通所介護 ・介護予防通所リハビリ ・介護予防訪問介護 など [地域密着型介護予防サービス] ・介護予防小規模多機能型居宅介護 ・介護予防認知症対応型共同生活介護 など	予防給付

介護認定の流れ

市町村の窓口に申請すると、認定調査や医師の意見書を経て、介護認定されます。認定には1ヵ月ほどかかるので、気になったら早めに申請を。

サービスの詳細なども市町村に問い合わせを

介護施設の種類と特徴

介護施設によって、入居条件や受けられるサービス、利用料が異なります。早めに情報を集めて検討し、親の健康状態や介護度に合う施設を選びましょう。

	特徴	費用の目安（月額）
特別養護老人ホーム	寝たきりなど、常に介護が必要な人向けの公的施設。条件は厳しいが、安い利用料で長期入所できる	5～13万円
介護付き有料老人ホーム	介護者が常駐し、介護の必要性が高い人向け。設備やレクリエーション、医療ケアなどが充実している	12～30万円 ※別途一時金が必要な場合も
グループホーム	軽度の認知症の高齢者が少人数で共同生活を送る。身体介護や機能訓練などを受け、症状改善を目指す	15～30万円 ※別途一時金が必要な場合も

column

年収で税金や保険料が変わる

パートやアルバイトの人は、年収によって引かれる税金や受けられる控除が変わります。

年収130万円以上は手取りが減ることも

年収が130万円以上になると、本人が社会保険料を負担することになります。130万円を多少超える年収の場合、社会保険料を差し引くと、かえって手取り収入が減ってしまうケースがあります。

例 夫：会社員／妻：パートの場合

妻の年収が103万円を超えた

- 妻が所得税と住民税を払う
- 夫の配偶者控除（→P25）がなくなり、夫の所得税と住民税が上がる
- 夫の勤め先によっては、給与に扶養手当がつかなくなり、年間の手取りが数十万円ほど減ることも

妻の年収が130万円以上

- 妻が夫の扶養から外れ、自分で社会保険に加入する。年金保険料と健康保険料を自分で払う

厚生年金に加入すると保険料の負担はありますが、その分老後の年金がプラスに
厚生年金保険料の半分は会社が負担してくれます

配偶者控除は将来変更される可能性もあります。控除を第一として働き方を考えるより、ライフプランに合った働き方を検討してみましょう。

年収ごとに支払う税金・保険料と受けられる控除

	年収	103万円以下	103万円超130万円未満	130万円以上141万円未満	141万円以上
税金	所得税	なし	支払う（103万円を超えた分に5%かかる）		
	住民税	※1	支払う（100万円を超えた分に10%かかる）		
保険料	雇用保険料	※2			
	社会保険料（健康保険・年金）	※3		支払う	
控除	夫の配偶者控除（→P25）	あり	なし		
	夫の配偶者特別控除（→P25）	なし	あり		なし

※1：年収100万円（93万円など、自治体によって異なります）を超えると、住民税を支払う必要がある
※2：週の勤務時間が20時間以上の場合は、雇用保険料を支払う必要がある
※3：正社員の勤務時間のおおむね3/4以上働いた場合は、社会保険料を支払う必要がある

2016年10月から社会保険料を払う基準が「130万円以上」から「106万円以上」に下がる可能性も！
制度の改正もしっかりチェックを

派遣社員も社会保険に加入

契約期間が2ヵ月を超え、1週間の勤務時間が正社員の3/4以上なら、派遣社員も社会保険（健康保険・年金）に加入できます。派遣会社などに確認しましょう。

モデルルーム
ちょっと寄っていかない?
見るだけ～
ん～
いいよ
おお～っ
どうぞ～!
すごーい!!
キレーイ!!
ピカピカのシステムキッチン…
いいねーこの開放感!!
まぁ…でも
こんな素敵な家…
私達にはムリ…
ハァ…

今なら頭金なし、月々8万円で買えますよ
ジャーーン
頭金0円
月々8万円
8万円!?
ウチの家賃より安いっ!!
ほわーー
マイホーム…キレイなキッチン…
意外と安い….
RRR
夫の母
え?子どもが熱を出した?
すぐ帰るっ!
後日
CAFE
え〜!!
そんな価格で買えるんですか!?
いいなーウチも買おうかなーっ
こんにちはー
あっ先生!

こんなところでどうしたんですか？
今日はこの近くで住宅セミナーをしてきて…
先生!! ぜひ私にアドバイスを!!
え？
…それで契約されたんですか？
いえ…その場ではできなかったんですけど…
フフ
でも人気だっていうから明日にでもしようかなって…
あの家が私のものに…
住宅ローンって「自分で選ばない」人が半分くらいいるんですよよ
え？どういうことですか？
モデルルームの営業マンのプランを聞いて、そのまま契約するというパターンです
そ…それじゃいけないんですか？
まさに私っ

頭金なし、月々の返済額も家賃並みというと、一見安く思えますが…
そういうプランの返済額は、変動金利（↓P106）で組まれてることが多いんです
へんどー…
フフフッ
変装？
ホゲー…
変動金利は半年ごとに金利が見直されるんです
そのため、最初は月8万円の返済額が、将来アップする可能性があります
何百万もの利息
返済額UP
ドン
えっ!!
しかも頭金ゼロだと借入額が大きくなるので何百万円もの利息を払わないといけなくなる場合も…
それに、住宅購入時には諸費用（↓P98）がかかります
税金
手数料
引っ越し代
たとえばこんなものです
なので結局、数十万〜数百万円のまとまったお金が必要になるんです
ドサッ
何百万もの利息
諸費用
返済額UP

そんな〜
なんてこと〜〜っ
大丈夫！まだ契約前ですよ
お子さんが熱出してよかったですね…
住宅購入は、物件を検討する前に資金計画を立てましょう!!
これが鉄則です!!
自分の収入・貯蓄ならいくらぐらいの物件が買えるかを計算し…
（↓P100〜）
月々の返済はいくらまで払える？
その金額をもとに最適な物件を探すのです
最初に払うお金として物件価格の3割程度があると安心です
物件価格
8割
2割
＋
物件価格の1割程度
頭金
諸費用
ローンで返済
最初に払うお金
フム
フム
3,000万円の家なら900万円くらいあるといいのね
←電卓

また、選ぶ物件によって
その後の支出や家族の暮らし方も
変わります（→P102）
一戸建て
マンション
メリット
・増改築などができる
・管理費がかからない
・庭や駐車場がついた物件も
・騒音トラブルが起こりにくい
・立地条件のいい家が、一戸建てより安い
・建物の管理がラク
・オートロックなど、防犯性が高い
・共用施設やサービスが充実した物件もある
・高層階に住める
デメリット
・駅から遠い、不便な物件が多い
・家の管理やメンテナンスを自己責任で行わないといけない
・防犯対策が必要
・増改築などが自由にできない
・管理費や駐車場代が必要
・ペットが飼いにくい
・騒音など、周囲に気をつかう必要がある
どんな暮らしがしたいか
家族で相談して、
適した住宅を
選びましょう！
パァ…
はいっ！
オススメのケーキですー
わー 全部くださーい
ハハハ
オススメに
踊らされないようにね…

住宅

住宅購入に関わるお金

しっかり計画を立て 最適な物件選びを

住宅購入は、人生の大きな買い物の1つ。多額の費用がかかり、その後のライフスタイルにも大きな影響を与えます。慎重に考えたいイベントですが、30年の住宅ローンを組み、定年までに払い終えようとするなら、30歳頃には動く必要があります。住宅を購入する場合は早めに計画を立て、資金準備に取りかかりましょう。

住宅購入の流れ

① 資金計画を立てる （→P97～）
② 物件の検討 （→P102～）
③ 物件決定・売買契約
④ 住宅ローンの申込み （→P104～）
⑤ 物件の引き渡し・入居

予算を決めてから
物件を探せば
返済も安心です

賃貸に住む場合は？

賃貸のメリットは引っ越しが自由なこと。収入に応じて郊外や田舎に引っ越し、家賃を抑えることもできます（定年後は連帯保証人が必要になるなど、借りにくくなる点に注意）。生涯、賃貸住宅に住む場合は、自分が亡くなるまで家賃を払い続ける必要があります。

リタイア前までに
生涯必要な家賃を
貯めておきましょう

住宅購入に必要なお金は？

住宅購入時に必要なお金は頭金と諸費用の２つ。この合計が物件価格の３割程度あると安心です。残りは住宅ローンなどを組み、毎月返済していきます。

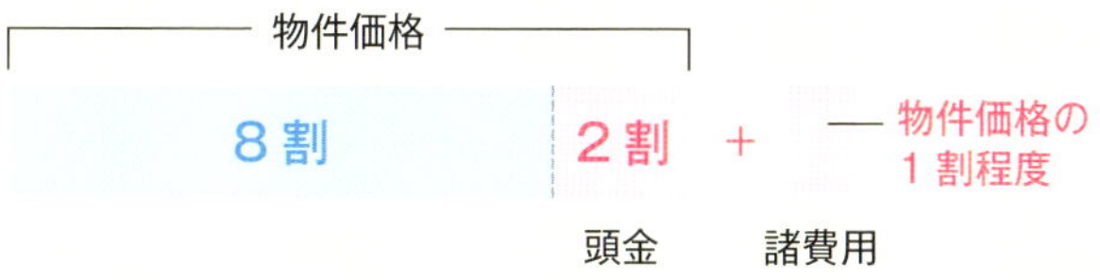

他のライフイベントとのバランスも見ながら無理のない借入額に

キャッシュフロー表で確認を

住宅ローンで高額のお金を借りることができても、実際に返済できなければNG。毎月いくらまでなら負担できるか、キャッシュフロー表（→ P64 ～）で確認を。

頭金によって総返済額が変わる

頭金が準備できれば、その分住宅ローンの借入額が減ります。それに伴って利息も少なくなり、総返済額を減らすことができます。

例 3,500万円の物件を金利2%、借入期間35年で購入する場合

頭金	借入額	総返済額
なし	3,500万円	約4,870万円（利息：約1,370万円）
1割（350万円）	3,150万円	約4,380万円（利息：約1,230万円）
2割（700万円）	2,800万円	約3,890万円（利息：約1,090万円）

頭金がない場合、購入後に物件の価値が下がると、ローン残高が物件の時価より高くなる状態が続きます。頭金はできる限り用意する方がオススメです。

購入時の諸費用

家の購入は頭金に加え、不動産取得税や仲介手数料などの諸費用が必要になります。下記の費用以外に、引っ越し代や家具・家電購入費なども考慮しておきましょう。

	費用	内容
取得にかかる費用	印紙税	売買契約書に貼る印紙代
	登録免許税	土地・建物を登記する際に払う税金
	不動産取得税	土地·建物などの不動産取得の数ヵ月後に、都道府県に一度だけ納める地方税。条件次第で軽減される
	登記手数料	登記手続きを代行してくれる司法書士などへの報酬
	仲介手数料	不動産業者を介して契約した場合に支払う手数料
住宅ローンにかかる費用	ローン保証料	返済が滞った場合に備えて、保証会社に支払う（ローンの種類によっては不要)。ローンを借りる時に一時金として払うか、分割して支払う
	印紙税	ローンの契約書に貼る印紙代
	登録免許税	ローンの抵当権設定の登記をする際に払う税金
	登記手数料	登記手続きを代行してくれる司法書士などへの報酬
	融資事務手数料	借入先の金融機関に払う手数料
	団体信用生命保険料	契約者の死亡や障害に備える保険（→P104)。民間の金融機関のローンでは加入を条件とすることが多い（保険料は金利に含まれているケースもある）

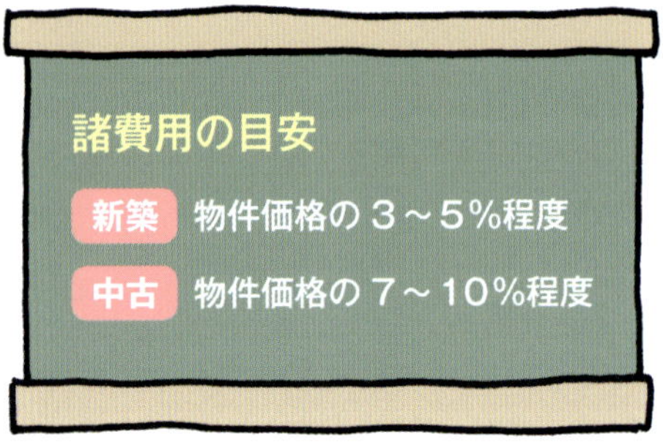

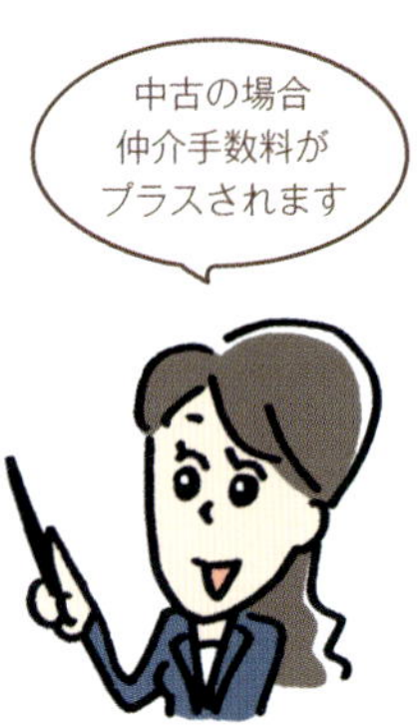

購入後の諸費用

税金や保険料に加え、マンションの場合は管理費や修繕積立金なども払います。物件によって必要額は変わりますが、大体の目安は月３万円ほどです。

税金
・固定資産税
・都市計画税

保険料
・火災保険料
・地震保険料

車を持っている人は駐車場代も必要になるよ

マンション入居者が払う費用

費用	内容
管理費	共用部分の清掃や設備の点検などの管理業務に使われる
修繕積立金	外壁の塗り替えなど、大規模修繕工事用に毎月積立てていく
大規模修繕費	大規模修繕工事の際、修繕積立金の不足があれば支払う

住まいの買い時はいつ？

「家族構成が確定した」「十分な頭金・住宅資金が準備できた」など、家族や資金の状況に合わせて購入するのがオススメ。「今が買い時」などの広告に踊らされないように。

セールストークに振り回されないように

末っ子の誕生後が◎

末っ子の誕生後だと家族構成が確定し、家族の暮らしに適した物件が検討しやすくなります。物件購入後に子どもが増え、手狭になることを防げます。

増税に惑わされない

増税前は駆け込み需要で物件価格が上がり、増税後の方が安くなることも。増税前は契約を急かされがちですが、振り回されないように。

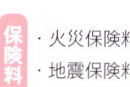

無理なく買える物件の目安は？

準備できる頭金と無理のない借入額をもとに、購入可能な物件価格を計算してみましょう。

❶用意できる頭金を計算する

頭金が多いと借入額は減りますが、貯金全部を頭金に回すのはNG。いざという時のお金や教育費などの資金はきちんと確保しておきましょう。

［現在の貯蓄］　　円－［生活予備費］　　円－［将来の貯蓄］　　円

※病気や休職など、いざという時のための資金

※子どもの教育費や自動車購入費など

＋［毎月の積立］　　円×12ヵ月×［積立期間］　年＝［頭金］　　円

頭金の積立を続ける場合は、ここも記入

❷無理のない借入額を計算する

毎月の返済額の目安は月収の25%といわれますが、キャッシュフロー表（→P64～）で返済可能かを確認し、返済期間とローンの金利から、無理のない借入額を計算しましょう。

［借入額］　　円

月の返済額		6万円		8万円		10万円		12万円	
返済期間		25年	35年	25年	35年	25年	35年	25年	35年
金利	1.0%	1,592	2,125	2,122	2,834	2,653	3,542	3,184	4,251
	2.0%	1,415	1,811	1,887	2,415	2,359	3,018	2,831	3,622
	3.0%	1,265	1,559	1,687	2,078	2,108	2,598	2,530	3,118

※借入額は概算（単位：万円）

❸買える物件価格の目安を計算する

（［頭金］　　＋［借入額］　　円）÷ 1.1 ＝［物件価格］

諸費用の1割を除く

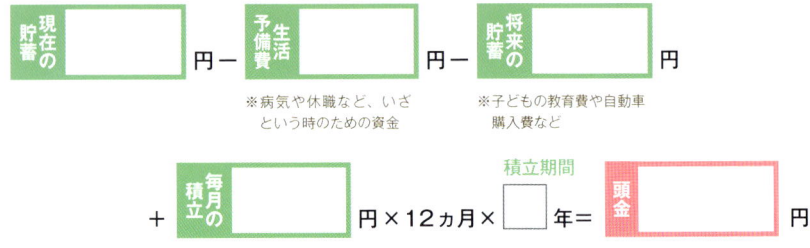

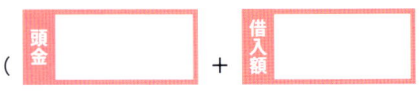

住宅購入の貯蓄プラン

目標貯蓄額と貯蓄期間を出し、毎月いくら貯めていくかを計算しましょう。

❶目標貯蓄額を計算する

目標［　　　　］年（あと［①　］年）までに［初期費用　　　　］円を準備する

※住宅購入したい年を記入　※頭金＋諸費用の合計など

［初期費用　　　　］円－［準備できている金額　　　　］円＝［目標貯蓄額　　　　］円

※貯蓄などから出せる額を記入

❷毎月の貯蓄額を計算する

［目標貯蓄額　　　　］÷［①　］（目標までの年数）÷12ヵ月＝［毎月の貯蓄額　　　　］

教育費や老後資金など、他のライフイベントの貯蓄や生活費とバランスが取れているかも確認しましょう。他の費用を圧迫するなら、貯蓄期間を延ばすなどの見直しを。

住宅資金の上手な貯め方

高額な住宅資金は、確実な方法で貯めていきましょう。

住宅資金は定期預金・財形を活用

自動積立定期預金や金利が高いネット定期（→P43）、利子の一部が非課税になり、財形住宅融資も受けられる財形住宅貯蓄（→P41）などを使うのがオススメ。

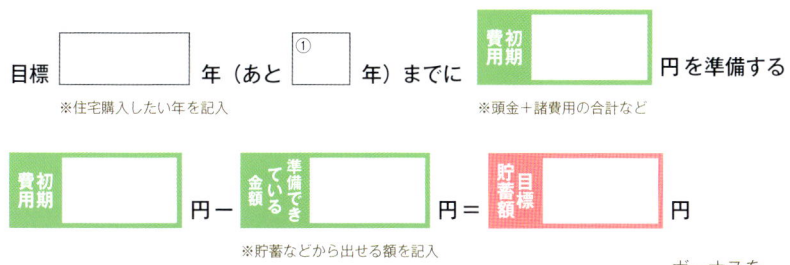

物件の検討❶ 持ち家 or 賃貸の比較

持ち家か賃貸かは、金額面よりも働き方やライフスタイルに合わせて選ぶのが重要です。

	持ち家	賃貸
メリット	・老後の住宅費がかからない ・住みやすい間取りを選べる ・リフォームが自由にできる ・一戸建ての場合、駐車場代が不要 ・自分の家を持った満足感、安心感が得られる ・資産として残せる	・初期費用（頭金など）が少なくて済む ・大きな住宅ローンを抱えずに済む ・収入やライフスタイル、家族構成の変化に合わせて、住み替えがしやすい ・収入が少ない人や正社員でなくても、住居が確保できる
デメリット	・住宅ローンの返済が長期間続く ・災害などで住居が損傷しても、ローンを払い続けないといけない（復旧費も必要になる） ・一定以上の収入がないとローンが組めない ・転勤や転職などの時、引っ越しがしにくい ・住環境の変化に対応しにくい ・固定資産税がかかる	・老後も家賃を払い続ける必要がある ・自由に間取りを選べない ・住宅設備が持ち家に比べて劣ることもある ・リフォームが自由にできない ・老後の住まいが確保できていないことが不安材料になることも

物件の検討❷ 新築 or 中古の比較

中古は安く購入できますが、修繕費などがかかることも。物件価格以外の費用も確認を。

	新築	中古
メリット	・建物がキレイで、最新設備がそろっている ・注文住宅なら、好みの家を建てられる ・住宅ローンの金利や借入条件が有利になることもある ・住宅ローンを長期で設定できる ・固定資産税の軽減など、税制面で優遇される	・新築より安く買える ・希望する立地条件で物件を探しやすい ・実際に現物を見て、建物の構造や採光などを確認して選べる ・新築より早く入居できる
デメリット	・購入価格が中古より高い ・購入から入居までに時間がかかる ・契約時に現物が確認できない ・土地も一緒に買うと、諸費用（→P98）が高くなる	・建物や設備が古く、耐震性が劣っていたり、リフォームが必要になる場合もある ・築年数が古いと、住宅ローン控除（→P110）が受けられない ・ローンの返済期間に制限がつく場合がある

建物が地震に耐える能力の基準は、1981年6月に改定されました（新耐震基準）。中古住宅は1981年6月以後に建築確認されているものを選ぶと、耐久・耐震面で安心です。

物件の検討❸ 将来を踏まえた物件選び

生活の変化によって、購入した家を売りに出したり、人に貸す可能性も出てきます。いつでも売れるよう、資産価値が下がりにくい物件を選ぶことも大切です。

資産価値が下がりにくい物件

- 人口が多い人気エリアにある
- 駅から近く、交通の便がいい
- 日当たりや住環境がいい
- マンションなら最上階や角部屋
- 修繕などの管理が行き届いている
- 施工会社や分譲会社の信頼性が高い

郊外の物件は
売りにくい点に
気をつけて

分譲マンションなら長期修繕計画もチェックし、積立金が不足しないか確認しましょう。一戸建ての場合もメンテナンスができるよう、事前に計画を立てておくのがオススメ。

不動産広告のここに注意

「家賃並みの支払いで買える」という広告につられて購入しないようにしましょう。

ローン以外の諸費用に注意

返済額が家賃並みでも、諸費用や維持費（→ P99）などが年間 20 ~ 50 万円ほどかかるのを忘れずに。

周辺環境は歩いてチェック

駅までの所要時間は、実際に歩いてチェックしましょう。店や学校、病院などの施設や周囲の雰囲気も合わせて確認を。

平日と休日、
昼と夜の 4 回は
見に行くのがオススメ
駅までの
時間もチェック!

床面積 50㎡以上の物件は、住宅ローン控除（→ P110）や不動産取得税の優遇などが受けられます。広告の「専有面積」は、壁や柱の厚みの半分が含まれる場合もあるので注意。

住宅

住宅ローンの組み方

金利や返済期間で総支払額が変わる

住宅購入では、多くの人がローンを組みます。毎月の返済額が無理なく払えるようにするのも大事ですが、総支払額も必ずチェックしましょう。総支払額を減らすポイントは「頭金を増やす」「金利が低いローンを使う」「返済期間を短くする」の3点です。様々なローンを比較検討し、最適なものを選びましょう。

一般的な利用条件

①借入時の年齢が20～70歳で、完済時に75歳・80歳未満など

②前年度の税込み年収が２００万円以上など

③現在の勤め先に３年以上勤務など（自営業者は３年以上の事業実績）

④団体信用生命保険に加入できる

安定した収入がなかったり、クレジットカードの支払いが滞ってると組めないことも…

団体信用生命保険とは？

ローン返済中に契約者が死亡したり高度障害状態になった時、生命保険会社が借入残額を払ってくれる保険。保険料は借入残額の0.3％程度で、一般的には返済額に含まれますが、別途支払う場合も。健康に問題があると加入できず、ローンを借りにくくなることも。

民間の住宅ローンを組む場合、加入を条件とするところも多いよ

住宅ローンの種類

大きく分けると、公的ローン、民間ローン、フラット35の3つがあります。公的ローンには、都道府県や市町村などの自治体が実施する「自治体融資」もあります。

	公的ローン（財形住宅融資）	民間ローン	フラット35
窓口	勤務先や住宅金融支援機構など	銀行、ネット銀行、信用金庫、JA、生保、ろうきんなど	住宅金融支援機構と提携し、民間の金融機関が窓口
対象	勤務先で財形貯蓄（→P41）を1年以上継続し、貯蓄残高が50万円以上ある人	P104の「一般的な利用条件」に当てはまる人（詳細は金融機関によって異なる）	安定した収入がある70歳未満の人で、年間返済額が年収400万未満の場合30%以下、400万以上の場合35%以下（住宅にも条件あり）
借入額	財形貯蓄残高の10倍まで（最高4,000万円）	50万～1億円（金融機関による）	物件価格の100%まで（最高8,000万円）
金利	5年間固定（5年ごとに見直す）	固定金利型／変動金利型／固定金利期間選択型	全期間（最長35年間）固定
特徴	・民間ローンやフラット35との併用が可能 ・企業によっては融資の金利の一部を会社が負担してくれる（利子補給制度） ・保証料や団体信用生命保険の加入については、窓口によって異なる	・種類が豊富で選択肢が多い ・一部の金融機関では、保証料が不要 ・融資条件が比較的緩やか ・団体信用生命保険の加入を条件とする場合が多く、保険料は金利に含まれていることも	・金利が確定しているので、返済計画が立てやすい ・保証料と繰り上げ返済（→P108）の手数料が無料（条件あり） ・一定品質の住宅なら、金利が優遇される「フラット35S」が利用できる ・団体信用生命保険の加入は任意で、保険料は借入人が負担する

手数料などもチェック

ローンの種類や金融機関などによって、手数料や保証料の額が大きく変わります。金利だけでなく、それらの額も踏まえてローンを選びましょう。

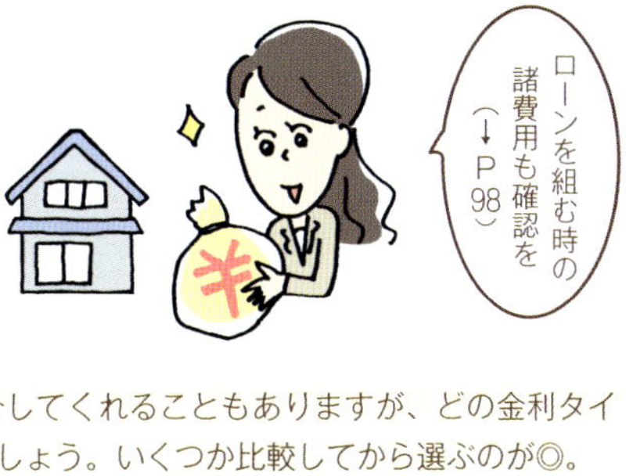

住宅メーカーや販売業者が提携ローンを紹介してくれることもありますが、どの金利タイプ（→P106）で計算されているか確認しましょう。いくつか比較してから選ぶのが◎。

金利の種類と特徴

住宅ローンの金利には「固定金利型」「変動金利型」と、その２つを合わせた「固定金利期間選択型」の３つがあります。

固定金利型

借入時の金利が、返済期間中変わらないタイプ。市場金利が上がっても影響を受けず、返済計画が立てやすいのが特徴。３つの中で金利は相対的に高くなります。

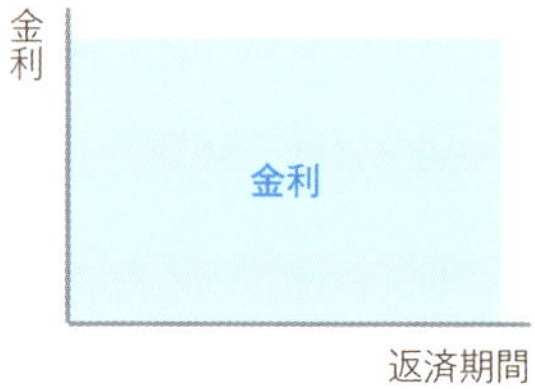

市場金利が下がっても反映されないのがデメリット

変動金利型

市場金利に合わせて半年ごとに金利が変わります。金利は相対的に低めですが、大幅に上がると返済額が増え、当初の返済期間を終えても残金が残ることも。

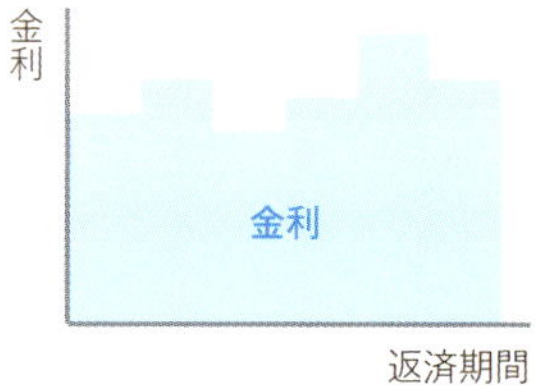

低金利の時に借りて短期間で返済するのに向いています

金利が変動しても、毎月の返済額は５年間は変わりません。返済額は５年ごとに見直されますが、その上昇幅は25%までとされています。

固定金利期間選択型

３年、５年、10年などの一定期間は固定金利が適用され、その後は固定型か変動型を選びます。固定金利の期間が短いほど、金利は低くなります。

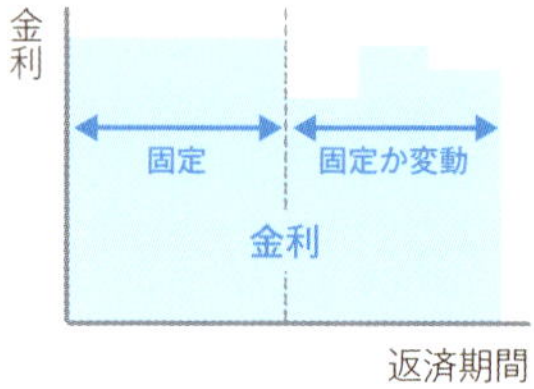

一定期間後は金利の動きを踏まえてタイプを選べます

低金利が続けば変動金利が有利ですが、金利の動きに返済額が左右されるので、返済期間が長くて借入額が多い場合、金利上昇には注意が必要です。また、住宅ローンは組み合わせて借りられるので、借入額の半分を固定金利、半分を変動金利で組み、リスクを抑えるのも◎。

住宅ローンの２つの返済方法

住宅ローンの返済方法は２種類あり、利用者が多いのは元利均等返済の方です。民間ローンでは元金均等返済を扱っていないこともあります。

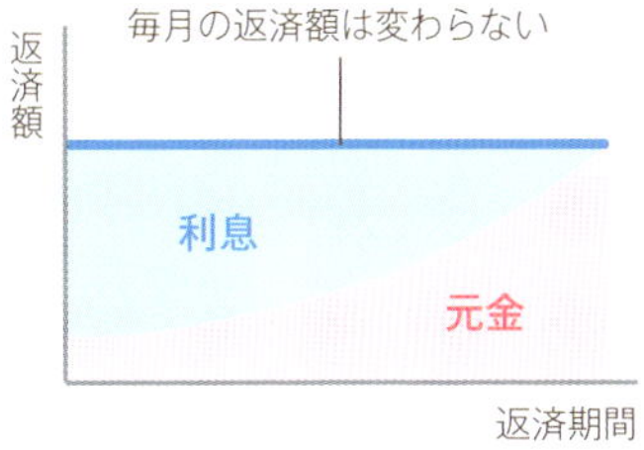
毎月の返済額は変わらない
返済額
利息
元金
返済期間

元利均等返済

毎月の返済額（元利＝元金と利息の合計）が一定で、返済計画が立てやすい。元金均等返済と比べると元金が減るスピードが遅く、その分総支払額が増えます。

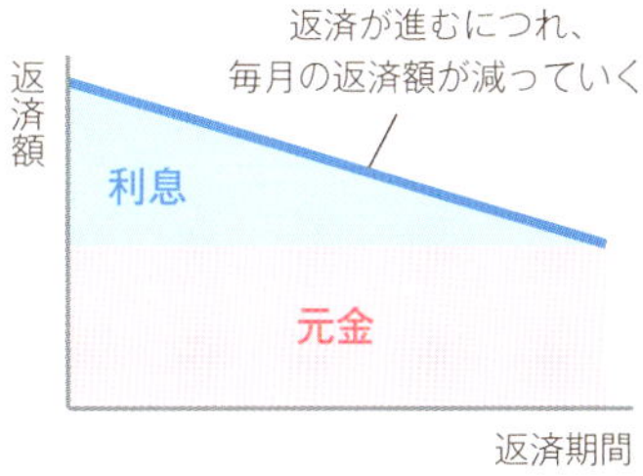
返済が進むにつれ、
毎月の返済額が減っていく
返済額
利息
元金
返済期間

元金均等返済

毎月の返済額のうち、元金部分が一定。最初の返済額は高くなりますが、元金の残額が減るに従って利息が減り、総支払額も少なくなります。

同じ年収の場合、元金均等返済は元利均等返済に比べて借入限度額が低くなります。

借りる時のチェックポイント

無理なく返せるローンか、キャッシュフロー表（→ P64 ～）で確認すると安心です。

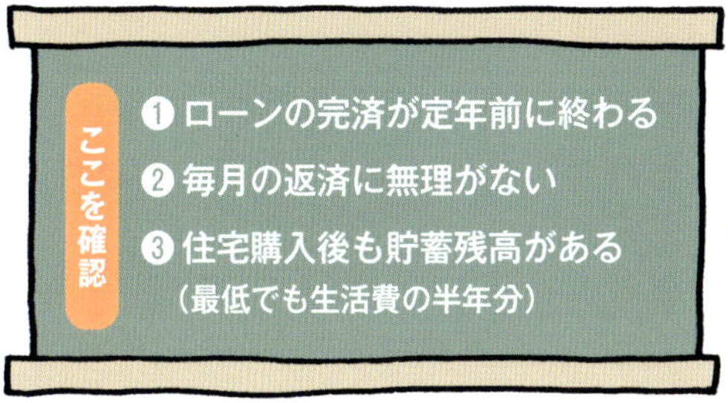
ここを確認
❶ ローンの完済が定年前に終わる
❷ 毎月の返済に無理がない
❸ 住宅購入後も貯蓄残高がある
（最低でも生活費の半年分）

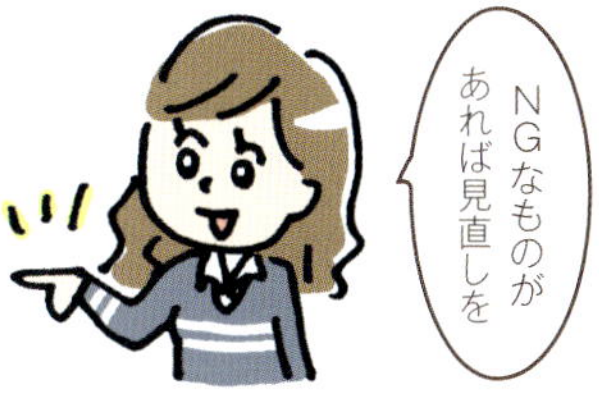
NGなものがあれば見直しを

共働きで収入があるからといって、高額なローンを組むのはNG。返済中に妊娠や出産などで退職した場合、収入が大きく減るからです。余裕を持って返せる返済額にしましょう。

繰り上げ返済で総支払額を減らす

まとまった貯蓄やボーナスなどで、月の返済額とは別に繰り上げ返済すると、ローン残高が早く減ります。いざという時の貯蓄まで削らないよう、余剰資金で行いましょう。

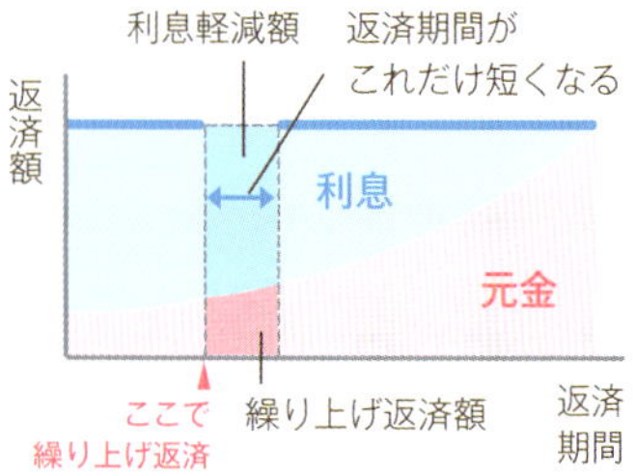

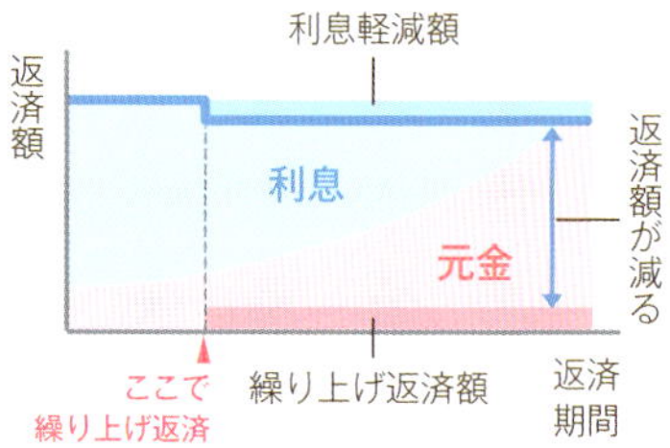

期間短縮型

毎月の返済額を変えずに、返済期間を短くする方法。早い時期に繰り上げ返済するほど、利息低減効果も大きくなります。

返済額軽減型

返済期間を変えずに、毎月の返済額を減らす方法。教育費が増えたり、収入が減った時などに行えば、毎月の負担を軽くできます。

繰り上げ時期も重要

ローン開始から早い時期に繰り上げ返済するほど、総支払額が安くなります。

例 借入額 3,500 万円、金利 2%、借入期間 35 年、繰り上げ返済額 300 万円の場合

繰り上げ時期	繰り上げ方法	利息軽減額
ローン開始から3年後	期間短縮型	約247万円
	返済額軽減型	約106万円
ローン開始から5年後	期間短縮型	約226万円
	返済額軽減型	約99万円

繰り上げ手数料は金融機関によって無料～数万円の差があります（同じ銀行でもネットバンキングは無料、窓口は有料など）。手数料にも気をつけながら、繰り上げ返済をしましょう。

ローンの返済が苦しくなったら

転職や休職などで給与やボーナスが減ってしまったなど、ローンの返済が苦しくなることもあります。そういう場合は返済条件を変更できないか、借入先に相談しましょう。

- 固定金利型の場合、金利の安い変動金利型に変更する
- ボーナス併用払いにしていたら、毎月払いにする

それでも苦しければ…

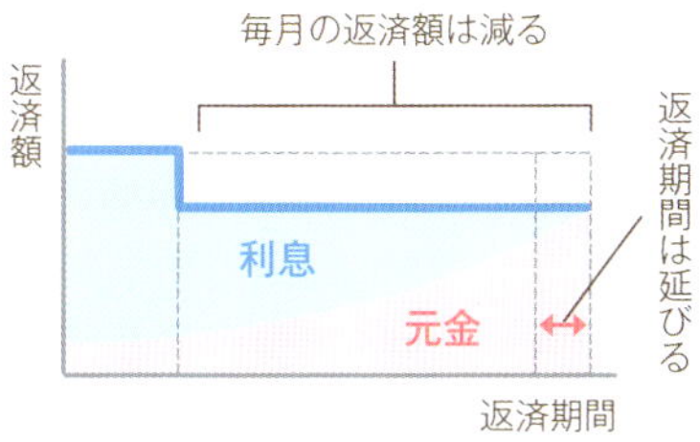

返済期間を延長する

返済期間を延ばすことで、毎月の返済額を減らします。期間が延びる分、利息が増えて総支払額は上がります。

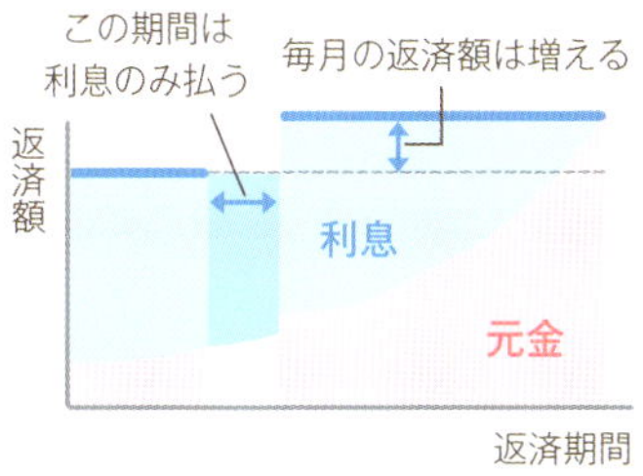

元金の返済をストップする

一定期間、利息だけの支払いにしてもらいます。返済期間は変わらないので、一定期間後の毎月の返済額は増えます。

借り換えでローンの負担を軽くする

現在のローン残高を、他の金融機関からの借入額で返済し、新たにローンを組み直すことを借り換えといいます。総支払額が減る、金利が下がるなどの効果があります。

借り換えがオトクになる条件

❶今のローンと新しいローンの金利差が 0.7%以上
❷ローン残高が 1,000 万円以上
❸返済期間が 10 年以上残っている

借り換えには手数料がかかるので、その費用も含めて金融機関でシミュレーションすると◎。

住宅ローン控除とは

住宅購入や新築・増改築すると、年末のローン残高に応じた一定額が所得税・住民税から控除されます。住宅購入前に床面積や築年数など、控除の条件に当てはまるか確認を。

住宅ローン控除の金額
（居住年：2014年4月～2017年12月）

一般住宅

住宅ローンの年末残高（最高4,000万円）×1%
※最大控除額…（各年）40万円／（10年間）400万円

認定長期優良住宅・認定低炭素住宅

住宅ローンの年末残高（最高5,000万円）×1%
※最大控除額…（各年）50万円／（10年間）500万円

その年の所得税と
住民税の一部から
控除されるわよ
￥
田

控除を受ける条件

・住宅取得後6ヵ月以内に入居し、引き続き居住している
・家屋の床面積（登記面積）が50㎡以上
・床面積の1/2以上が自己の居住用
・控除を受ける年の所得が3,000万円以下
・民間の金融機関や独立行政法人住宅金融支援機構などの住宅ローンを利用している
・住宅ローンなどの返済期間が10年以上で、分割して月々返済している
※中古住宅の場合、他にも条件がある

適用は住み始めてから

住宅購入時や新居完成時ではなく、実際に住み始めた年から10年間適用されます。

住んでいない期間は除外

転勤などで住居に住んでいない期間は、控除を受けることができないので注意しましょう。

控除を受けるには確定申告（→P26～）が必要です。会社員の人は一度確定申告をすれば、2年目以降は年末調整（→P24～）で控除を受けられます。

親族からの援助の一部は非課税に

住宅資金は自分の貯蓄以外に、親からの援助を受ける方法も。住宅購入で使える贈与には非課税制度があるので、上手に活用しましょう。

住宅取得資金の非課税制度

親や祖父母から住宅取得のための資金援助を受ける場合、一定額までは贈与税がかかりません（贈与を受けた翌年の 3/15 までに新居に住み始めるなど、条件があります）。暦年課税・相続時精算課税のどちらかと併用も可能です。

ありがとー

省エネ・耐震住宅	その他の住宅
1,000万円まで非課税	500万円まで非課税

※上記は 2014 年の金額。2015 年以降、非課税枠が変わる可能性がある
※東日本大震災の被災者の場合、非課税枠が拡大する

暦年《れきねん》課税

毎年110万円までの贈与が非課税になります。

相続時精算課税

2,500 万円までの贈与が非課税になります。相続発生時には、相続財産に加算されるので気をつけましょう。

暦年課税と
相続時精算課税は
併用できないので注意

相続時精算課税は、親または祖父母から子または孫への贈与で利用できます（年齢など、最新の要件については税務署に確認を）。手続きが複雑なので、税理士などに相談しましょう。

わいわい
居酒屋
酒
おっ久しぶり〜
会社辞めるんだって？
はい、ライターとして独立しようと思って…
西野裕也（30）
敦司の大学時代の後輩
でも…フリーになって税金や年金がどうなるのか考えてたら不安になって…
よくわからなくて…
こいつ、大学の時から心配性だったもんな…
なのにフリーランスで大丈夫か？
そうだ
今度FPの人に相談しに行くけど…
僕も一緒に行きたいです!!
年金のことでお悩みですか？
はい
僕達の世代は将来年金がもらえないかもって…
自分で貯金する方がトクかもって言われるんですけど…
どうしたものかと…
貯金

確かに、年金制度は高齢化社会の影響もあって変更が多いですよね
1990年
2025年
大丈夫かい？
5人
1.8人
1990年頃は高齢者1人を5人で支えていましたが、2025年には1人を1.8人で支えることになりそうです
そのため、納める保険料は増え、受け取れる年金額は減ると予想されています
UP!
保険料
年金
DOWN……
え〜？
そ、そんな〜
私…年金の未納があるんだけど
こんな状況なら払わずに、老後資金を貯めた方がいいのかな？
いいえ！
年金がもらえるのは老後だけではありませんよ
え？
事故などで障害を負ったり、家計を支える大黒柱を亡くしてしまった時…
障害年金
遺族年金
年金がその後の生活を支えてくれるんです

※ 2015年10月から「被用者年金一元化」が施行され、公務員が加入している共済年金が厚生年金に一元化される。
職域加算が廃止され、公務員向けの新たな上乗せ年金制度が実施される予定

俺と奈美は第2号だから国民年金と厚生年金…
私は専業主婦になったら、第3号になるのね
2F
厚生年金
1F
国民年金
第１号
第２号
第３号
僕は第1号になるので、国民年金だけになるんですね
年金保険料を払うことで1・2階の公的保障を固めつつ、さらに自分で年金を増やす方法がいくつかあるんです
確定拠出年金
厚生年金
国民年金
第１号
第２号
まず確定拠出年金（→P128～）
企業型と個人型の2つがあり、会社員や自営業の人が入れます
会社員
自営業
公務員
専業主婦
この人たちは入れません
会社や本人が出した掛け金を預金・保険・投資信託など、自分の好きな方法で運用するもので
掛け金
会社
本人
預金
保険
投資
掛け金＋運用益の合計をもとに、将来の年金受給額が決まります

※課税所得200万円、所得税・住民税が10%の場合（復興特別所得税は考慮せず）

※付加年金は国民年金基金（→P126）との同時加入はできないが、個人型確定拠出年金（→P128～）とは同時加入できる

※控除には条件がある

また、民間の保険を使って個人年金をつくる方法もあります
銀行や保険会社で扱っています
○○保険
個人年金保険（↓P127）に入ると所得税が最高4万円、住民税が最高2.8万円まで控除※されます（↓P130）
自分の所得に応じた還付金が毎年返ってきますよ
還付
色んな控除があるんだな
今度調べてみます！
へー
増税や保険料アップは自動的に行われますが、控除など、もらえるお金は自分で手続きしないと得られないんですよね
制度を知って自分で動くことが大切です
受給額が減ったり負担が増えたりするけれど、生涯ずっともらえる年金は心強いもの
ありがたや〜
年金
公的保障とプラスの保障で老後に備えましょう
は――――いっ！

年金

公的年金制度の仕組み

老後だけじゃない 様々な保障制度

「将来、年金はもらえるの?」と思っている人も多いと思いますが、国民年金の老齢基礎年金は半分が税金から出ており、原則として65歳から一生涯ずっと受け取ることができます。また、老後を支えるだけでなく、死亡時や障害を負った時の保障もしてくれるのです。受け取れる年金の種類や仕組みを確認しましょう。

ねんきん定期便が来たら

毎年誕生月(1日生まれの人は誕生月の前月)に届く「ねんきん定期便」には、これまでの年金加入記録などが載っています。届いたら加入歴や納付状況に誤りがないかを確認し、誤りがある場合は日本年金機構へ連絡しましょう。

転職が多い人、
名字が変わった人は
特にしっかり確認を

厚生年金の加入拡大

一般的にパートの人は、厚生年金加入者にされない場合が多いですが、2016年10月から「週の労働時間が20時間以上」など、一定の要件に該当すれば加入者になります。この変更に伴い、パートやアルバイトの人が厚生年金に加入しやすくなります。

保険料は
事業主と折半で
払います

加入者と給付の種類

職業や収入などで加入する年金が変わります。転職したり、結婚などで扶養家族になったら、市役所や年金事務所、勤務先の会社などで手続きをしましょう。

		第1号被保険者	第2号被保険者		第3号被保険者
該当者		自営業者、学生、フリーターなど	会社員	公務員	会社員などの配偶者（年収130万円未満）
加入する年金		国民年金	厚生年金・国民年金	共済年金・国民年金	国民年金
年金保険料の支払い方法		口座振替などで自分で納める（→P122）	給与から天引き（半分は会社が負担）		直接の負担なし
もらえる年金	老後の生活	老齢基礎年金	老齢基礎年金 老齢厚生年金	老齢基礎年金 退職共済年金	老齢基礎年金
	死亡した時	遺族基礎年金	遺族基礎年金 遺族厚生年金	遺族基礎年金 遺族共済年金	遺族基礎年金
	障害を負った時	障害基礎年金	障害基礎年金 障害厚生年金	障害基礎年金 障害共済年金	障害基礎年金

※2015年10月から「被用者年金一元化」が施行され、公務員が加入している共済年金が厚生年金に一元化される

公的年金の種類❶ 老齢年金

原則、65歳から一生涯支給され、老後の生活をサポートしてくれます。

国民年金は満額で年間約77万円

国民年金は満額で年間77万2,800円、月額6万4,400円もらえます（2014年度）。未納などがあれば減額され、第2号の人は厚生年金が上乗せされます。

厚生年金に20年以上加入していた場合、年金受給開始時に65歳未満の配偶者（所得などの条件あり）や18歳未満の子どもがいれば、加給年金が上乗せされます。

公的年金の種類❷ 遺族年金

年金加入者や受給者が死亡した時、死亡者に生計を維持されていた（年収850万円未満）一定の遺族に支給されます。子どもの有無や年齢で、給付の種類や金額が変わります。

		受給対象者	受給期間	年間受給額
国民年金	遺族基礎年金	子どもがいる配偶者、未婚の子ども	子どもが18歳になるまで	77万2,800円＋子の加算 第1・2子：各22万2,400円 第3子以降：各7万4,100円
国民年金	寡婦《かふ》年金	婚姻期間が10年以上の妻 （夫が第1号被保険者として、国民年金に25年以上加入が条件）	60～65歳	夫の老齢基礎年金の3/4
厚生年金	遺族厚生年金	配偶者（夫は55歳以上）、未婚の子ども など	一生涯 ※子がいない30歳未満の妻は5年間	報酬比例の年金額の3/4 ※加入期間が300ヵ月未満の場合、300ヵ月とみなす
厚生年金	中高齢寡婦加算	夫が死亡した時点で、40歳以上の妻	～65歳	57万9,700円

※子ども…18歳経過後の最初の年度末前の子（障害者の場合は20歳）
※報酬比例の年金額…平均標準報酬額から計算された金額　※支給額は2014年度のもの

遺族年金の受給イメージ

例 夫：会社員／妻：夫の死亡時に40歳未満で、子どもが2人いる場合

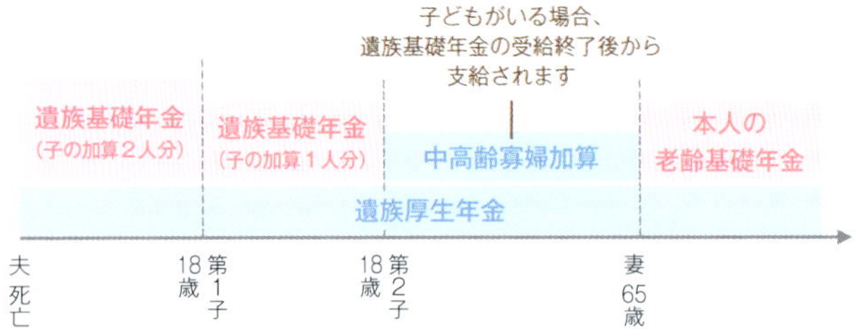

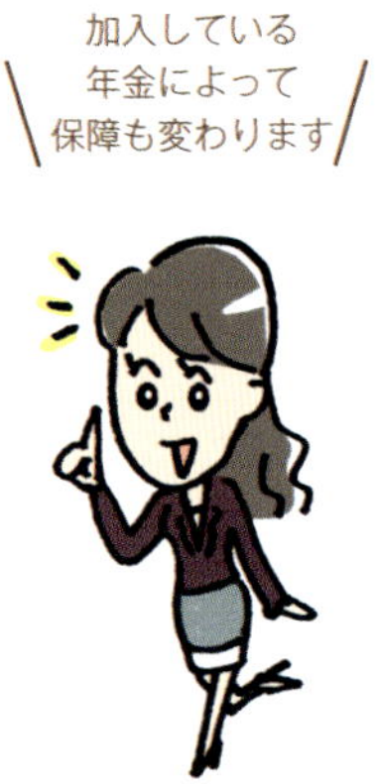

例 夫：自営業／妻：夫の死亡時に40歳未満で、子どもが2人いる場合

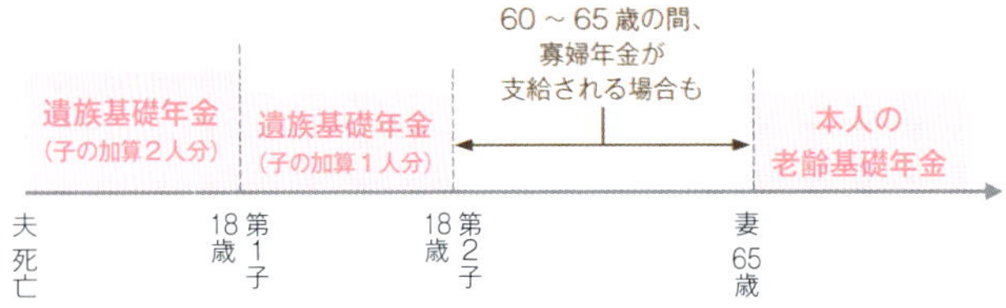

公的年金の種類③ 障害年金

病気や事故などで一定以上の障害状態になった時、年齢に関わらず支給されます。障害状態は重い順に１～３級があります。

厚生年金の方が保障が手厚い

厚生年金加入者は、障害基礎年金に障害厚生年金が上乗せされます。また、国民年金では保障がない３級にも支給され、３級より軽い状態でも「障害手当金」が受け取れます。

障害基礎年金（国民年金）

- １級：77万2,800円×1.25
- ２級：77万2,800円

18歳未満（障害者は20歳未満）の子どもがいる場合、加算がつきます。
第１子・第２子：各22万2,400円
第３子以降：各７万4,100円

障害厚生年金（厚生年金）

- １級：報酬比例の年金額※×1.25
- ２級：報酬比例の年金額
- ３級：報酬比例の年金額
  （最低保障額 57万9,700円）
- 障害手当金：報酬比例の年金額×２
  （一度だけの支給）

※報酬比例の年金額…平均標準報酬額から計算された金額
※加入期間が300ヵ月未満の場合、300ヵ月とみなす

配偶者がいる場合、１級と２級には加給年金（22万2,400円）がつきます。

子どもが障害年金の加算対象である場合、その子に対しての児童扶養手当（→P81）は加算額を上回る額が支給されます。

※支給額は2014年度のもの

遺族・障害年金を受け取るには、保険料納付が重要

以下のいずれかを満たすことが共通の受給条件になるので、気をつけましょう。

条件
死亡月もしくは初診日がある月の前々月までの
①公的年金の加入期間の2/3以上の保険料が、納付または免除されている
②直近の１年間に保険料の未納がない

年金

公的年金の払い方

前納すればオトク 払えない時は申請を

会社員や公務員の人の年金保険料は、給与から天引きされ、半分を会社が負担しています。一方、自営業やフリーランス、学生などの人は、口座振替やクレジットカードなどで国民年金保険料を納付する必要があります。未納があると受給額が下がったり、受給資格を得られないこともあるので気をつけましょう。

保険料は徐々に上昇

国民年金保険料は所得に関わらず全員一律で、2015年度は月額1万5590円の予定です。保険料は2005年度から毎年280円ずつ上がり、2017年度以降は月額1万6900円になる予定です（物価などの変動によって前後します）。

給与天引きだと気づきにくいですが、負担は少しずつ増えています

2年一括払いでオトクに

2014年から国民年金保険料の2年前納（口座振替のみ）が可能になり、毎月支払う場合に比べて、1万4000円ほど割引になります。申込み期限は毎年2月末なので、忘れないようにしましょう。また、半年や1年分の前納であれば、クレジットカードで払うこともできます。2年前納に比べて割引は小さくなりますが、クレジットカードのポイントが貯められるので、上手に活用しましょう。

払えない時は免除や猶予を活用

経済的な理由で年金保険料を納められない時は、免除や猶予を活用しましょう。滞納した場合は年金受給資格期間に含まれませんが、免除・猶予の場合は含まれます。

		条件など	免除額
免除	法定免除	生活保護や障害基礎年金（→ P121）を受けている人	全額
	申請免除	本人・配偶者・世帯主の前年所得が一定額以下の人。免除期間は7月～翌年6月まで	所得によって異なる
	特例免除	退職（失業）したり、災害によって要件に当てはまる損害を受けた人	全額
猶予	学生納付特例制度	20歳以上の学生で、前年所得が一定額以下の人	全額
	若年者納付猶予制度	30歳未満で、本人と配偶者の前年所得が一定額以下の人（親の所得は関係ない）	全額

未納のままにしておくと
年金がもらえなくなる
こともあるので注意！
未納
手続きは
市区町村役場の
国民年金窓口へ

未納分はどうする？

滞納で年金加入期間が25年に満たないと、年金がもらえません。また、直近の1年間に未払いがあると遺族・障害年金（→ P120～）がもらえないこともあるので注意。

免除や猶予には追納《ついのう》を

免除や猶予を受けた場合、10年以内なら後から納付可能。免除を受けた翌年度から数えて3年目以降に追納する場合は加算金がつくので、早めに納付を。

未納保険料の事後納付（後納《こうのう》）

納付期限から2年が経過した未納保険料は、時効により納めることができなくなりますが、2015年9月までは過去10年分まで納付が可能です。

未納保険料を1ヵ月分払うと、年金受給額が年額1,610円アップ（2014年度）。払った保険料はその年の社会保険料控除の対象になるので、年末調整や確定申告で申請を（→ P24～）。

公的年金の受け取り方

受給額は職業や保険料の額で変わる

公的年金は加入条件を満たせば、65歳から一生涯受け取れます。2月、4月、6月といった偶数月に2ヵ月分が支給され、受給額は自分の職業や年金保険料の支払月数、支払額などで変わります。会社員など、第2号の人がもらえる老齢厚生年金は、年収が高い人ほど保険料が上がりますが、その分受給額も増えます。

受給資格が10年以上に？

年金加入期間は、原則として20歳から60歳までの40年間（480ヵ月）で、受給するにはそのうち25年以上の加入（保険料納付済期間＋免除期間など）が必要です。40年加入すれば、満額支給になります。しかし無年金者をなくすため、将来、10年以上の加入で受給できるようになる予定です。ただし10年の加入だけでは、受け取れる老齢基礎年金は月に1万6000円程度にしかならないので気をつけましょう。

働きながらもらう場合

正社員として勤めている人は、70歳までは厚生年金保険料を納める必要があります。受給開始年齢を過ぎても働いている場合、給与と年金の合計が一定額を超えると、年金が減額されます（この時に支給される老齢厚生年金を「在職老齢年金」といいます）。

受け取れる年金を計算してみよう

自分がもらえる年金額を試算してみましょう。
「ねんきんネット」でも試算できます。
(http://www.nenkin.go.jp/n/www/n_net/)

第2号の人は2つの年金の合計額がもらえるよ

老齢基礎年金

40年加入した場合の基礎満額(2014年度)　77万2,800円×(　国民年金保険料の支払月数(60歳時点)［　　］ヵ月÷480ヵ月(40年))＝ 年間受給額［　　］円

老齢厚生年金

平均月収(額面)［　　］円×0.005481×勤務月数［　　］ヵ月＝ 年間受給額［　　］円

※会社勤務時の平均月収(額面＝税金などが引かれる前の金額)を記入

老齢基礎年金の繰り上げ&繰り下げ受給

受給開始は60～70歳の間で月単位で変更でき、1ヵ月早めると支給率が0.5%ずつ下がり、遅くすると0.7%ずつ上がります。老齢厚生年金にも同様の制度があります。

繰り上げ受給　※昭和16年4月2日以降に生まれた人の場合　※支給率は生涯変わらない

受給開始年齢	60歳	61歳	62歳	63歳	64歳	65歳
支給率	70%～	76%～	82%～	88%～	94%～	100%

繰り下げ受給　※昭和16年4月2日以降に生まれた人の場合　※支給率は生涯変わらない

受給開始年齢	65歳	66歳	67歳	68歳	69歳	70歳
支給率	100%	108.4%～	116.8%～	125.2%～	133.6%～	142%

繰り上げ受給をすると障害基礎年金(→P121)や寡婦年金(→P120)が受け取れなくなり、60歳以降の任意加入で年金額を増やす(→P126)こともできなくなります。

年金

年金を増やす方法

増やす方法は様々 所得控除の特典も

公的年金だけでは老後資金に足りない場合、任意加入の年金や貯蓄、財形年金貯蓄（↓P41）、保険、投資などで年金を増やしましょう。公的年金の受給を遅くして増額する方法もあります（↓P125）。また、企業によっては企業年金として厚生年金基金や確定拠出年金などを導入していることも。勤め先に確認しましょう。

60歳以降も任意加入する

年金加入期間が480ヵ月未満の人は、65歳まで国民年金保険料を払えば年金受給額を増やせます。さらに、65歳までに年金受給資格期間（↓P124）を満たせない場合、70歳までの期間に年金保険料を払って受給資格を得ることも可能。

65歳まで5年間
任意加入すると、
年金の年額が
約10万円アップ！
（2014年度）

年金

国民年金基金で上乗せ

自営業者などの第1号被保険者は、国民年金基金に加入することで、年金を増やせます。加入口数や年金の種類を選ぶことができ、掛け金の上限は月額6万8000円です（個人型確定拠出年金に加入している場合、その掛け金も含めての上限になります）。

掛け金は
全額所得控除で
所得税などが
軽減されます
掛け金

個人年金保険で年金を増やす

民間の保険会社や銀行などが扱う「個人年金保険」は、給付期間や受給年齢などを自分で選べます。60歳からの支給にし、公的年金が出るまでのつなぎとして使うことも可能。

個人年金保険の仕組み

毎月（毎年）保険料を払い、契約時に決めた年齢から年金を受け取ります。貯金より目的が明確になり、要件を満たせば保険料に応じた所得控除が毎年受けられます（→ P130）。

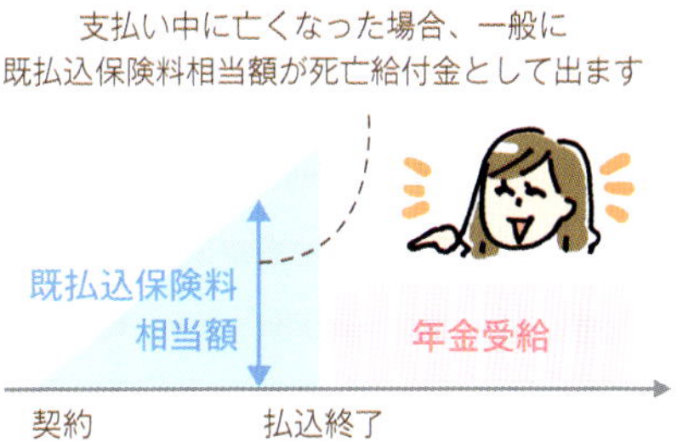
支払い中に亡くなった場合、一般に
既払込保険料相当額が死亡給付金として出ます
既払込保険料
相当額
年金受給
契約
払込終了

投資信託などで運用する「変動型」もあります。運用がうまくいけば年金額が上がりますが、元本割れするリスクがあり、手数料や管理料もかかるので慎重に選びましょう。

給付方法の違い

種類によって、給付方法や期間が変わります。自分に合うものを選びましょう。保証期間中に亡くなった場合は、残りの保証期間に対する年金か一時金が受け取れます。

		給付方法・期間
生存型	終身年金	生きている限り、一生涯支給される。「保証期間付」の場合、定められた保証期間中は生死に関わらず支給され、期間後も生きている限り支給される
生存型	有期年金	10年など定められた期間内に生きている限り、支給される。「保証期間付」の場合、保証期間中は生死に関わらず支給され、その後も期間内であれば生きている限り支給される
生存型	夫婦年金	夫婦のいずれかが生きている限り、支給される
確定型	確定年金	10年など、定められた期間内は生死に関わらず支給される。期間中に被保険者が亡くなった場合は、遺族が受け取る。期間後は被保険者が生きていても支給されない

メリットとデメリット

メリット

- 老後のライフプランに合わせて、給付期間などが自由に選べる
- 老後資金を確実に貯められる
- 所得控除（→ P130）が活用できる

デメリット

- 中途解約すると、払った保険料より解約金が少なくなる場合がある
- 保険会社が倒産すると、もらえる年金が減額する可能性がある

確定拠出年金（DC）の種類と特徴

会社や自分が出した掛け金を預金・投資信託などで運用し、運用結果に応じた年金を老後に受け取る制度。「日本版 401k」ともいいます。受給開始年齢は 60 ～ 70 歳です。

企業型と個人型の違い

確定拠出年金には、企業型と個人型の２種類があります。

	企業型	個人型
加入対象	勤め先に企業型確定拠出年金が導入されている会社員	自営業などの第１号被保険者、勤務先に企業年金や企業型確定拠出年金がない会社員
払う人	会社（自分で上乗せできる場合もあり、上乗せした分は全額所得控除が受けられる）	本人
掛け金の額	金額は勤め先の制度による。上限は勤め先に他の企業年金制度があれば２万 7,500 円、なければ５万 5,000 円	月 5,000 円以上で、1,000 円単位で設定（年に１回変更可能）。上限は会社員は２万 3,000 円、第１号被保険者は国民年金基金（→ P126）などと合わせて６万 8,000 円
加入手続き	勤め先で手続きする	銀行や生命保険会社などの金融機関で口座を開設する（手数料は金融機関で異なる）
受給方法	①一時金としてまとめて受け取る、②年金として分けて受け取る、③一部を一時金としてもらい、残りを年金方式で受け取る、の３種類	

転職・退職時には、資産を持ち運びます。持ち運び先は個人型の確定拠出年金か、転職先に制度があれば、そこの企業型の確定拠出年金へ。

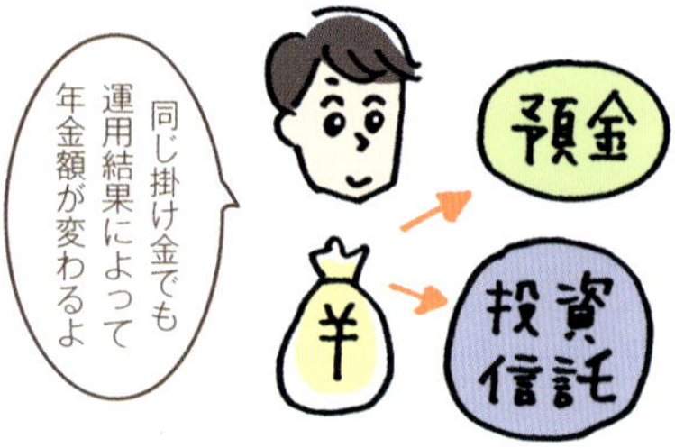
同じ掛け金でも
運用結果によって
年金額が変わるよ
預金
¥
投資信託

運用方法は自分で選ぶ

掛け金全額を預金にあてたり、「預金 20%、保険 30%、投資信託 50%」など、様々な商品を組み合わせて運用することもできます。運用商品は変更できます。

老後まで時間があるうちは投資を多めにしてじっくり運用し、50 代後半になったら定期預金などで運用してリスクを抑えるなど、年齢や状況に応じて運用商品を変えましょう。

確定拠出年金の税優遇

掛け金全額が控除対象になることが、確定拠出年金の大きなメリット。老後資金を積立てながら、毎年節税ができてオトクです。

3つの税優遇

掛け金だけでなく、運用中の利益や受給額も税優遇の対象になります。

掛け金を払う時

掛け金全額が「所得控除」の対象になる

↓

所得税・住民税が減る

運用している間

運用益が「非課税」になる（課税繰り延べ）

↓

効率よくお金が増える

受け取る時

受給額が「退職所得控除」「公的年金等控除」の対象に

↓

手取り額が大きくなる

個人年金保険（→P127）で所得控除が受けられるのは、所得税は最大4万円、住民税は最大2万8,000円まで。一方、確定拠出年金は掛け金全額が控除されるので、大きな節税に。

確定拠出年金の活用イメージ

毎月同じ金額を積立てても、定期預金と確定拠出年金で、最終的に大きな差が出ます。

	①定期預金（金利0.025%）	確定拠出年金 ②定期預金で積立（金利0.025%）	確定拠出年金 ③投資信託で運用（利回り3.0%と仮定）
貯蓄額・掛け金	（月額）2万3,000円×12ヵ月＝（年額）27万6,000円		
30年後の積立元本	27万6,000円×30年＝828万円		
積立効果	830万4,959円	831万1,214円	1,343万6,456円
節税効果	なし	（毎年の節税額）5万5,200円×30年＝165万6,000円（※課税所得200万円、所得税・住民税10%の場合）	
最終的な資金	830万4,959円	996万7,214円（①より約166万円アップ）	1,509万2,456円（①より約678万円アップ）

※上記はシミュレーションによるもの

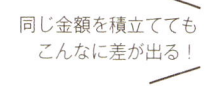

column

保険・年金で受けられる控除

生命保険などに加入している場合、年末調整（→ P24 ～）などで申告すれば税金が安くなり、還付金がもらえます。

保険・年金の控除で還付金を受け取る

一般の生命保険・介護医療保険・個人年金保険の３つを合わせて、所得税は最高 12 万円、住民税は最高７万円が控除されます。所得に応じた還付金が受け取れます。

例 所得税で 12 万円、住民税で７万円控除を受けた場合

課税所得	所得税		住民税		還付金合計
	税率	還付金	税率	還付金	
195 万円以下	5%	6,000 円			1 万 3,000 円
195 万円超 330 万円以下	10%	1 万 2,000 円			1 万 9,000 円
330 万円超 695 万円以下	20%	2 万 4,000 円	10%	7,000 円	3 万 1,000 円
695 万円超 900 万円以下	23%	2 万 7,600 円			3 万 4,600 円
900 万円超 1,800 万円以下	33%	3 万 9,600 円			4 万 6,600 円
1,800 万円超	40%	4 万 8,000 円			5 万 5,000 円

生命保険や個人年金保険に加入しているなら申請を忘れずに
生命保険
個人年金
税制優遇は毎年続くので賢く活用しましょう

第３章

もしもに備えるお金

○○文具
おはようございまーす
あれ？何かあったんですか？
さんが事故で骨折して…
えっ!?
しばらく入院するみたいだよ
一人暮らしなのに入院費かかって大変だね…
…
あなたも保険入ってる？
何かあってからじゃ遅いわよ
今すぐ入ります!!
…で
こんなにもらってきたの？
どっさり…
保険
だってあれこれ心配で〜

何に入ればいいんだろう…
生命保険？ 医療保険？
あれもこれも
がんとか女性の病気とか…？
そんなの、貯金しておけばいいんじゃない？
掛け捨てもったいないもん
!!
ゴロン
なによ!!
敦司は私のこと
どうでもいいの!?
そんなことは言ってねーよ!!
それより結婚式のこと考えないといけねーだろっ
ギャー
ギャー
…で
今日は保険のご相談に…
保険…何がいいかさっぱりわからなくて
大変でしたね
保険はお金を「減らさない」ための手段！
お金のピラミッド
増やす
貯める
減らさない
ココ!
保険に入ることで、貯金を減らさずに病気やケガに備えられます

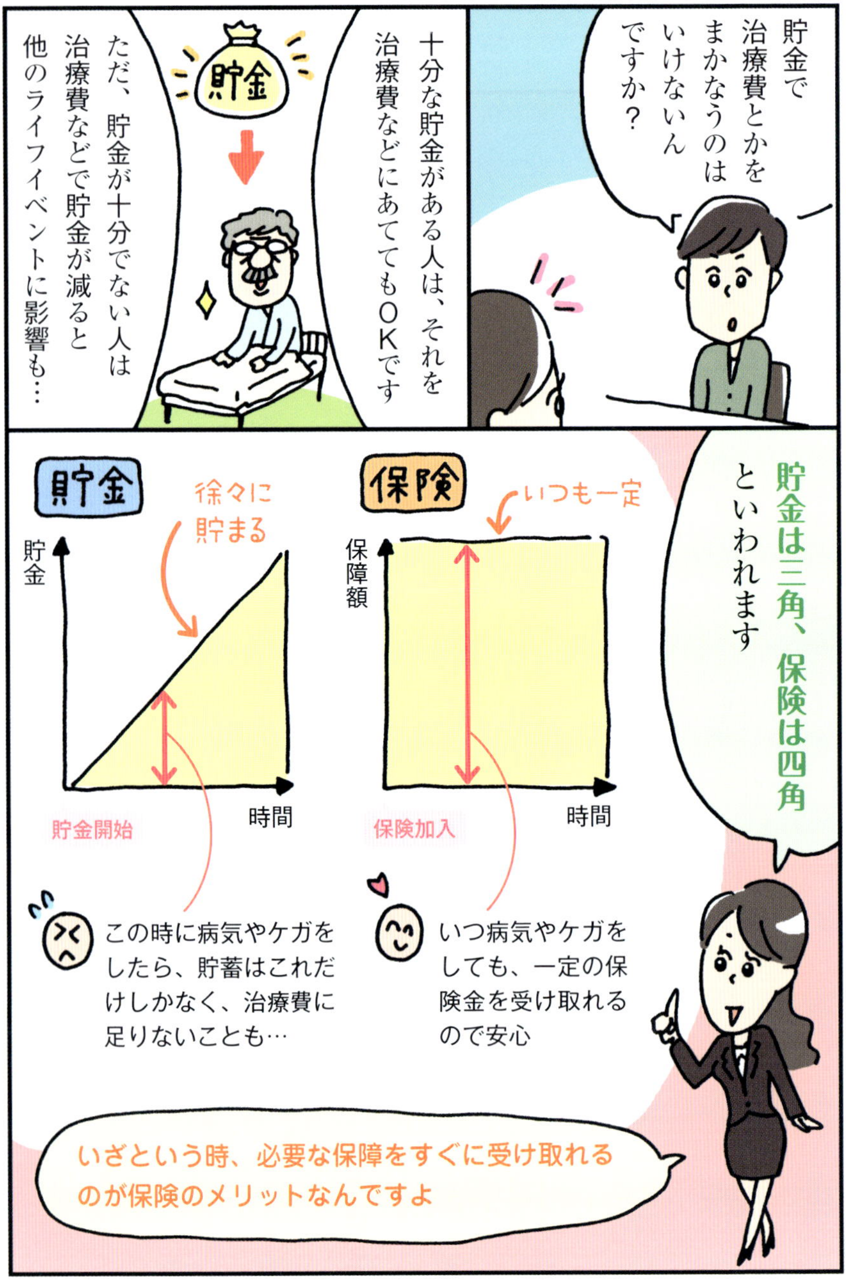

貯金で治療費とかをまかなうのはいけないいんですか？
十分な貯金がある人は、それを治療費などにあててもOKです
貯金
ただ、貯金が十分でない人は治療費などで貯金が減ると他のライフイベントに影響も…
貯金は三角、保険は四角といわれます
貯金
徐々に貯まる
貯金
時間
貯金開始
この時に病気やケガをしたら、貯蓄はこれだけしかなく、治療費に足りないことも…
保険
いつも一定
保障額
時間
保険加入
いつ病気やケガをしても、一定の保険金を受け取れるので安心
いざという時、必要な保障をすぐに受け取れるのが保険のメリットなんですよ

※標準報酬月額が28〜50万円の人の場合

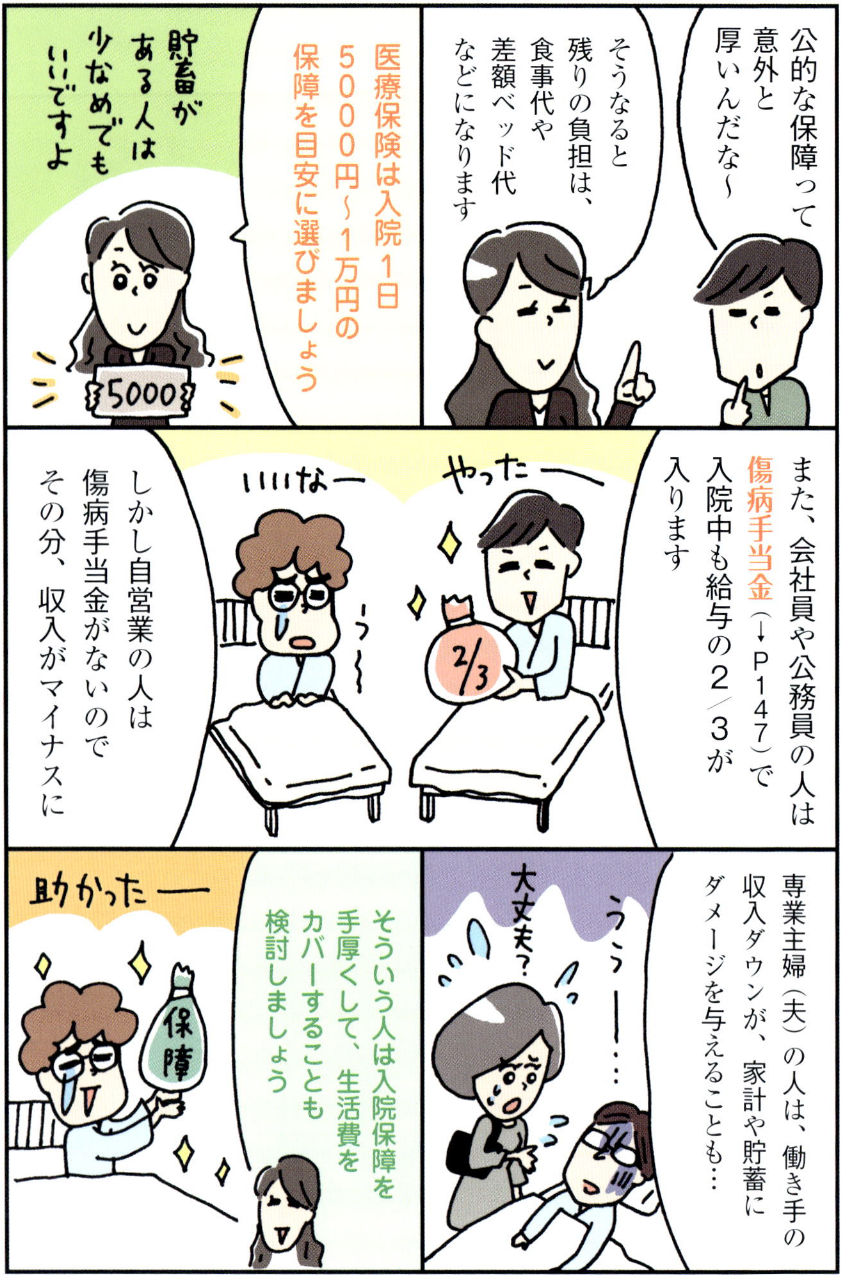
公的な保障って意外と厚いんだな～
そうなると残りの負担は、食事代や差額ベッド代などになります
医療保険は入院1日5000円～1万円の保障を目安に選びましょう
貯蓄がある人は少なめでもいいですよ
5000
また、会社員や公務員の人は傷病手当金（→P147）で入院中も給与の2／3が入ります
やったーー
2/3
いいなーー
うー～
しかし自営業の人は傷病手当金がないのでその分、収入がマイナスに
専業主婦（夫）の人は、収入ダウンが、家計や貯蓄にダメージを与えることも…
大丈夫？
うーー…
そういう人は入院保障を手厚くして、生活費をカバーすることも検討しましょう
助かったーー
保障

また、保険は「起こってしまったら自分でカバーできないもの」から押さえると安心です
❶ 世帯主の死亡、自動車事故、火災など
➡ 数百万～数千万円が必要に
❷ 重い病気（がんや三大疾病など）
➡ 数百万円が必要に
例えば、世帯主が亡くなったらこれだけのお金が必要になります
敦司が死んだら…
例 世帯主が死亡した場合
本人の 葬儀代
残された家族の
・生活費
・子どもの教育費
・住宅費 など
縁起でもねー
これらをもとに自分や家族にいくら必要かを計算し、それを補える保障を選びましょう
家族が亡くなった時の公的な保障（→P120）も確認しておきましょう
遺族年金などがもらえます
辛いけど助かった…
うっうっ
必要な保障をシンプルにつける！
これが保険のポイントです
保険

保険の種類

公的保険の不足を民間保険で補う

保険には、公的保険（→P144～）と民間保険があります。公的保険には健康保険や年金などがあり、ケガや病気、失業、老後の生活などを国が保障してくれます（加入は強制です）。自分の貯蓄や家族構成、加入している公的保険などを確認し、不足する分を民間保険で補いましょう。

主契約に特約をプラス

主契約（保険の基本契約）にプラスして保障内容を充実させるのが「特約」です。特約は主契約より長い期間はつけられず、単独で契約はできません。また、主契約を解約（または満了）すると、特約も消滅するので気をつけましょう。

保険料も上がるので
必要な特約だけを
つけるように
がん特約
先進医療特約
主契約

掛け捨て型と積立型

メリット・デメリットを確認し、目的に合うものを選びましょう。

掛け捨て型

・積立型と比べ、保険料が安め
・払った保険料は戻らない
・生命保険の場合、一定期間で保障が切れることが多い

積立型

・掛け捨て型と比べ、保険料が高め
・計画的に貯蓄ができる
・短期間で解約すると、元本割れが起きる可能性が高い

保険金

保険の３つの分野

保険には、人に対する保険とものに対する保険があります。保障内容によって、３つの分野に分けられます。

		内容	例
第一分野	生命保険	人の生存または死亡に関して保障する。契約者の死亡後、残された遺族の生活費や子どもの教育費などの備えになる	●定期保険（→ P149 ～） ●終身保険（→ P149） ●養老保険（→ P149） ●学資保険（こども保険）（→ P82） ●個人年金保険（→ P127）など
第二分野	損害保険	交通事故の被害や、災害による住居の損失などを補償する。ものを壊してしまったり、人を傷つけてしまった時に役立つ	●火災保険（→ P157） ●地震保険（→ P158） ●個人賠償責任保険（→ P158） ●自動車保険（→ P159） ●海外（国内）旅行保険（→ P164）など
第三分野	医療保険など	病気やケガなどで入院・手術した時の医療費を保障。治療で仕事ができない期間の収入ダウンを補うことも	●医療保険（→ P152 ～） ●がん保険（→ P154） ●介護保険（→ P153） ●先進医療や女性疾病などの医療特約（→ P154）など

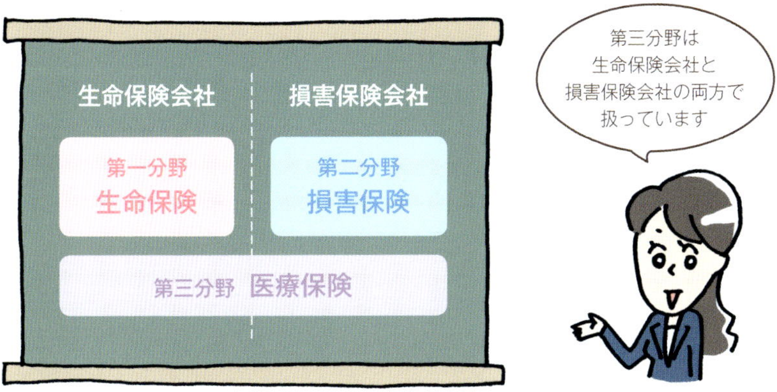

保険

保険の選び方

自分に必要な保障＆金額の保険に加入を

不安だからといって多くの保険に加入すると、保険料がかさんだり、保障が重複してしまうこともあります。月単位で見ると安く思える保険料も、数十年払えばかなりの高額になります。自分に必要な保障内容や金額・期間を明確にし、それに合う保険に加入するようにしましょう。

更新型は保険料が上がる

保険には10年程度の期間で加入し、期間満了時に更新する「更新型」と、30年などの長期間で加入する「全期型」があります。更新型は加入時は保険料が安めですが、更新の度に年齢に応じて保険料が上がり、保険料の総額が全期型より高くなることも。また、更新型は解約返戻金がないか、あっても少額です。短期間の加入で大きな保障がほしい場合は更新型が便利ですが、長期で加入したい場合は気をつけましょう。

保険の特典に注意

一定の条件を満たすとボーナスやお祝い金が出る保険は、一見オトクそうに思えますが、その分保険料が高くなっています。特典に惑わされず、保険料の総支払額と給付金の額を確認し、本当にトクかどうかを検討しましょう。

保険金

保険料を安くして
その分を貯蓄する方が
オトクなことも
しっかりチェック!
ボーナス保険

保険を選ぶ２ステップ

以下の流れを参考に、自分にどんな保険が必要かを考えてみましょう。

❶保険の優先順位をつける

ライフスタイルや家族構成をもとに、どの保険が必要か、優先順位を明確にしましょう。

単身者の場合

まずは病気に備える医療保険に加入を。死亡保障は葬儀代の200万円程度が準備できればOK。

夫婦のみの場合

共働きで十分な収入があれば、高額な死亡保障は不要。専業主婦（夫）で収入が不安なら、死亡保障の検討を。

夫婦で子どもがいる場合

生活費や子どもの教育費などを考え、死亡保障は必須。ケガや病気に備えて、医療保険にも加入を。

❷必要な保障内容や金額を確認

死亡やケガ、事故などが起こった時の必要額から、公的保険の保障（→P144～）や貯蓄で準備できている分を引き、不足分を補う保険を選びましょう。

保険料が家計や貯金を圧迫しないかもチェックしよう！

保険選びのポイント

様々な商品を検討して選びましょう。保険の知識が乏しい人は、専門家に相談するのも◎。また、お店を介さずにネットで加入すれば、その分保険料が安くなることも。

保障内容・保険料を比較する

保険会社のHPで自分の年齢や保障額・保険期間などを入力すると、月々の保険料がわかります。複数の見積もりを取り、比較してみましょう。

複数の保険ショップで検討

保険ショップは複数の保険を比較検討でき、対面で質問もしやすいので便利。複数のお店で検討し、様々な意見を聞いた上で選ぶのがオススメです。

生命保険協会のHPの「苦情受付情報・保険金等お支払情報」に、各保険会社への苦情件数や内容などが載っています。信頼できる保険会社選びの参考にしましょう。

万が一の時に必要なお金❶ 死亡

家族が死亡した場合、残された家族に今後いくら必要かを確認し、不足分を保険で補いましょう。年齢や子どもの成長に伴って必要額は変わるので、定期的に見直しを。

死亡後に必要なお金

- 葬式・お墓の費用
- 家族の生活費
- 住居費（住宅ローンの残りや家賃）
- 子どもの教育費 など

－

今あるお金＋今後入ってくるお金

- 健康保険からの葬祭費（埋葬料）
- 遺族年金・家族の老齢年金（→P120）
- 団体信用生命保険の保障（→P104）
- 学資保険（こども保険）（→P82）
- 家族の収入・貯蓄
- 会社の死亡退職金 など

この差額が必要な保障額になるのね
保障額

自営業者の人は遺族厚生年金（→P120）や会社からの死亡退職金がもらえません。また、賃貸の人は家賃を払い続ける必要があります。そのことを踏まえて保障額を設定しましょう。

万が一の時に必要なお金❷ 交通事故

どんなに安全運転を心がけても、交通事故の可能性がないとは言い切れません。対物・対人ともに多額の補償額が必要になるので、自動車保険（→P159）にきちんと加入を。

事故で必要なお金

- ケガの治療費（治療のための交通費なども含む）
- 物損の補償（損傷した車・もの・家など）
- 慰謝料（入院慰謝料や後遺障害慰謝料）
- 仕事の休業補償
- 相手が死亡した場合の補償 など

ケースによっては補償額が高額になることも…
こえ～

万が一の時に必要なお金③ ケガ・入院

健康保険の適用範囲内なら、治療費などは３割負担で済みます。治療費・入院費だけでなく、その期間中の生活費や住居費なども確認し、必要保障額を計算しましょう。

健康保険が使えるもの（３割負担）

- 通常の治療費（診察・検査・手術など）
- 入院の部屋代

※１ヵ月の医療費が高額の場合、高額療養費制度（→ P146 ～）が使えます

健康保険が使えないもの（全額負担）

- 通院の交通費
- 入院中の食事代（1食 260 円程度）
- 入院中の雑費
- 差額ベッド代
- 先進医療の技術料
- 美容整形などの自由診療

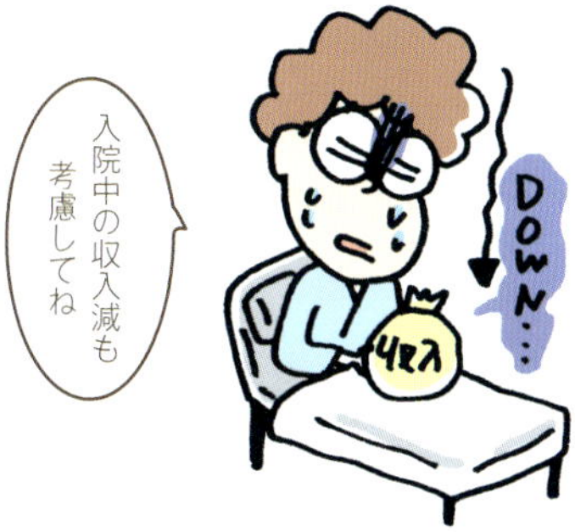

入院費用の平均は約 23 万円

入院の自己負担額の平均は 22 万 7,000 円、1 日あたりの平均は２万 1,000 円です。治療によって費用は大きく変わりますが、１つの目安にしましょう。

※生命保険文化センター『平成 25 年度 生活保障に関する調査』より

万が一の時に必要なお金④ 火災

火災は被害の大きさによりますが、家の修繕や家財の購入などでかなりの金額が必要になります。全額を貯金で払うのは大変なので、火災保険（→ P157）で補いましょう。

火災時に必要なお金

- 家の建て直し・修繕費用
- 一時的な避難生活のための住居費
- （建て直しが難しい場合）引っ越し代や新居の購入費
- 家具や日用品、電化製品などの修理・購入費
- 近所へのお詫びの費用 など

もらい火で被害に遭っても原則、自分の保険で補うことになります

保険

公的保険の種類と保障

意外と厚い公的保険保障内容の確認を

国民全員に加入が義務づけられている公的保険。病気やケガの治療費が3割負担で済んだり、一定額を超える医療費には払い戻しがあるなど、様々な保障が受けられます。民間の医療保険に入る前に、公的保険でどのくらい保障されるかを確認し、不足分を民間保険で補うようにしましょう。

仕事や通勤のケガも保障

仕事中や通勤中のケガや病気には、労災保険から給付が出ます。ただし、通勤とは関係ない飲食店や映画館などに寄った後に事故にあった場合、給付が出ないことも。仕事や通勤の全てが保障されるわけではないので気をつけましょう。

長時間飲んだ後の移動は通勤の範囲外に

自治体のクーポンを活用

がん検診には、自治体が配布するクーポンが活用できます。20歳や25歳など、節目の年齢の人に送付され、子宮頸《けい》がんや乳がん、大腸がんなどの検診が無料に。受け取る前に受診した場合、自己負担額が払い戻されることがあるので、領収書は保管しておきましょう。

がんの早期発見に役立てましょう

公的保険の種類

公的保険は「社会保険」「労働保険」の２つに分かれます（これらを総称して「社会保険」という場合も）。病気やケガ、死亡、障害、老後、失業などへの保障が受けられます。

		内容	給付の例
社会保険	健康保険	病気やケガの治療費などを補う（学生や専業主婦、無職の人は、会社員などの家族がいれば、被保険者の扶養家族として健康保険に加入することもできる）	● 医療費の自己負担を３割に ● 高額療養費制度（→ P146） ● 傷病手当金（→ P147） ● 出産育児一時金（→ P76） ● 出産手当金（→ P76） ※傷病手当金と出産手当金は、国民健康保険では支給されない
	年金保険	老後の生活や障害・家族の死亡時の生活費をサポート	● 老齢年金（→ P119） ● 遺族年金（→ P120） ● 障害年金（→ P121）
	介護保険	介護が必要になった時、所定の介護サービスを受けられる。保険料の支払いは 40 歳から	● 施設サービス（→ P87） ● 居宅サービス（→ P87）
労働保険	雇用保険	失業時や育休中に給付金を出し、雇用をサポート	● 失業給付（→ P70） ● 育児休業給付金（→ P77）
	労災保険	仕事中や通勤中の事故・災害でのケガや病気、障害、死亡への保険（パートやアルバイトの人も対象となり、保険料は事業主が支払う）	● 療養給付 ● 休業給付 ● 障害給付

職業によって加入する保険が変わる

職業によって加入する保険が変わり、病気やケガなどに対する給付も変わります。

		自営業者	会社員	公務員
社会保険	健康保険	国民健康保険	健康保険	共済組合
	年金保険	国民年金	厚生年金	共済年金
	介護保険	介護保険		
労働保険	雇用保険	―	雇用保険	―
	労災保険	―	労災保険	各種共済

自営業者は
保障が少ない分
貯蓄や保険でカバーを
貯蓄
保険

高額療養費制度で医療費が安くなる

同じ医療機関で１ヵ月の医療費が高額になった場合、自己負担限度額を超えた分が払い戻されます。加入している健康保険に申請しましょう。

１ヵ月に払う医療費の上限は？

年齢・年収に応じて自己負担額の上限は変わります。また、高額療養費の払い戻しを受けた月が１年間で３回以上あった場合、４回目からは上限額が下がります。

標準報酬月額	１ヵ月の自己負担限度額	
	１～３回目	４回目～
83万円以上	25万2,600円＋（医療費－84万2,000円）×1%	14万100円
53～79万円	16万7,400円＋（医療費－55万8,000円）×1%	9万3,000円
28～50万円	8万100円＋（医療費－26万7,000円）×1%	4万4,400円
26万円以下	5万7,600円	
低所得者（住民税の非課税者など）	3万5,400円	2万4,600円

※70歳未満の場合　※標準報酬月額…毎月の給料などの報酬の月額を、区切りのいい幅で区分したもの

例 標準報酬月額が30万円で、１ヵ月の医療費が100万円かかった場合

8万100円＋（100万円－26万7,000円）×1%＝8万7,430円

（100万円：医療費　8万7,430円：自己負担額）

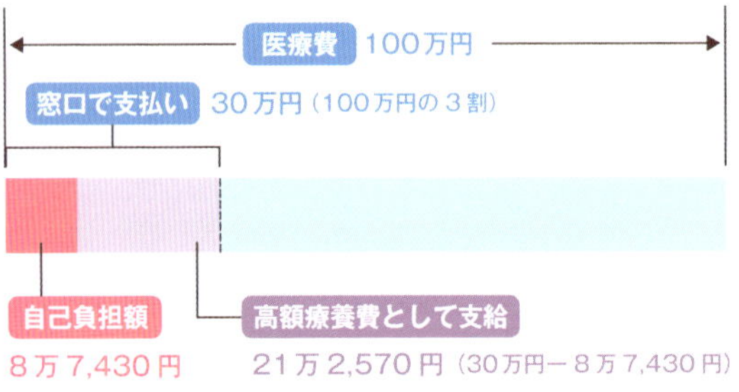

入院中の食費や差額ベッド代、先進医療にかかる費用などは高額療養費の支給対象外です。

高額療養費制度を上手に活用するコツ

制度を上手に活用し、医療費の負担や支払いの手間を軽くしましょう。

家族で医療費を合算できる

同じ健康保険に加入する家族なら、同じ月にかかった医療費を合算できる場合があります。それによって上限額を超えれば、高額療養費が支給されます。

認定証で手続きをカンタンに

医療費が高額になると事前にわかっている時は、加入している健康保険に「限度額適用認定証」を申請しましょう。それを医療機関の窓口に出せば、自己負担限度額のみの支払いで済みます。

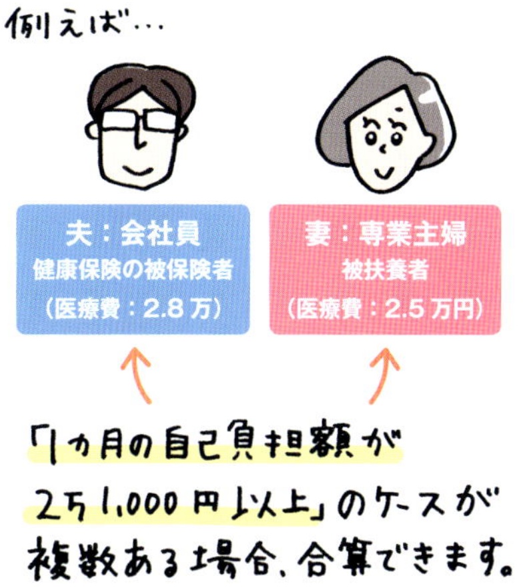

月をまたいで治療した場合、その医療費は合算できません。もし治療期間や入院日を調節できるなら、月をまたがずに治療できると高額療養費制度をうまく活用できます。

会社員がもらえる傷病手当金

病気やケガの療養で仕事ができない場合、会社員は健康保険から手当金が受け取れます。自営業の人には支給されないので、貯蓄や保険などで補えるよう備えておきましょう。

休業中の収入をサポート

病気やケガで連続して３日以上仕事を休んだ場合、４日目以降から手当金が出ます。金額は１日につき標準報酬日額の2/3。最長１年６ヵ月支給されます。

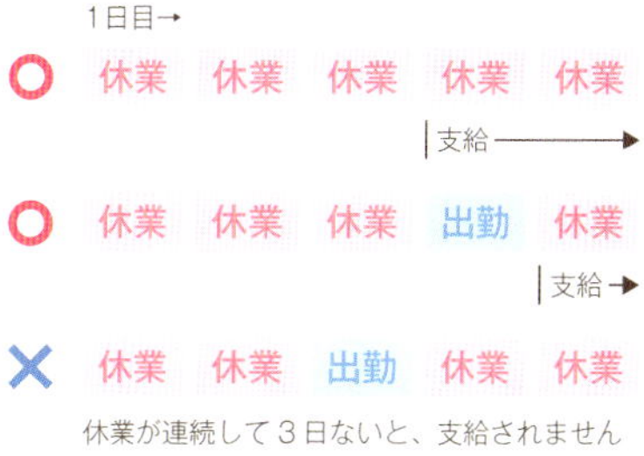

傷病手当金を上回る給与が支払われた場合、傷病手当金は支給されません。

生命保険の種類と選び方

家族構成をもとに最適な保障を選ぶ

家族の死後、残された家族の生活を保障するのが生命保険。生命保険は保険料の総支払額が１０００万円以上になることもあり、住宅の次に大きな買い物です。家族構成や年齢、住宅などで必要な保障額は大きく変わるので、自分にはいくらの保障が必要かを計算し（↓Ｐ１４２）、それに合う保険に入りましょう。

生命保険選びのステップ

①死亡後、いくらお金が必要かを計算する（↓Ｐ１４２）。

②保障内容・期間・保険料を比較検討する（↓Ｐ１４９～）

③加入後も随時見直す（↓Ｐ１６３）

子どもが独立する頃には必要保障額も減ります

加入の検討ポイント

生命保険の加入は、養う家族がいるかが1つのポイントです。

単身者

・自分の葬儀代だけでよければ、貯蓄でもＯＫ

・親を養っている場合は、加入を検討する

夫婦

・妻が専業主婦の場合、家計を支える夫は加入を

・共働きの場合、収入ダウンが生活に影響するなら、夫婦ともに加入がオススメ

生命保険の種類と特徴

生命保険を大きく分けると、保険期間が異なる「定期保険」「終身保険」と、貯蓄性の高い「養老保険」の３種類があります。加入すると所得控除が受けられます（→ P130）。

定期保険

保険料は掛け捨てで比較的安めですが、保障は一定期間のみ。期間内に死亡した場合は死亡保険金がもらえます。保険期間終了時に満期金などはもらえません。

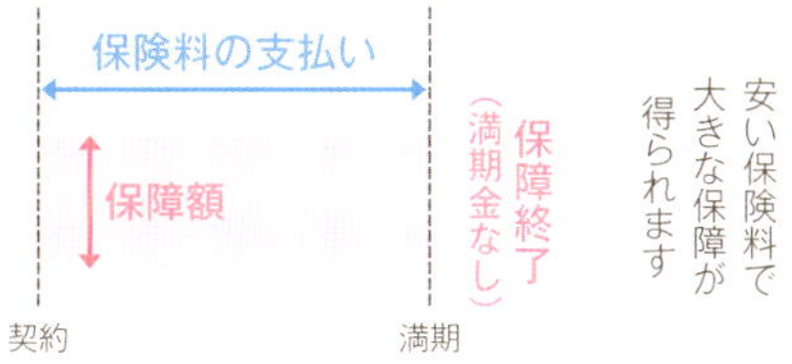

保険料の支払い
保障額
保障終了
（満期金なし）
契約
満期
安い保険料で大きな保障が得られます

終身保険

一生涯保障が続き、何歳で亡くなっても死亡保険金がもらえます。保険料はその分高めです。中途解約すると、解約返戻金がもらえることが多いです。

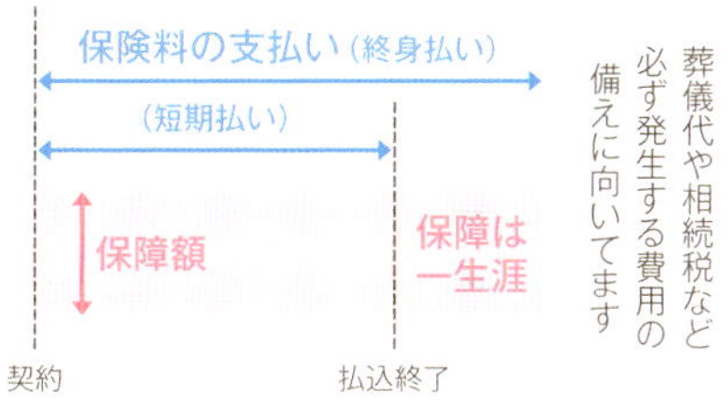

保険料の支払い（終身払い）
（短期払い）
保障額
保障は一生涯
契約
払込終了
葬儀代や相続税など必ず発生する費用の備えに向いています

終身保険の保険料の支払い方法は「一定の年齢まで払う（短期払い）」と「生涯払い続ける（終身払い）」の２つ。短期払いの方が月の保険料は高くなりますが、老後の負担を軽くできます。

養老保険

保険期間内に死亡した場合は死亡保険金、生存していた場合は満期金がもらえます。保障と貯蓄を兼ね備えていますが、中途解約で元本割れすることも。

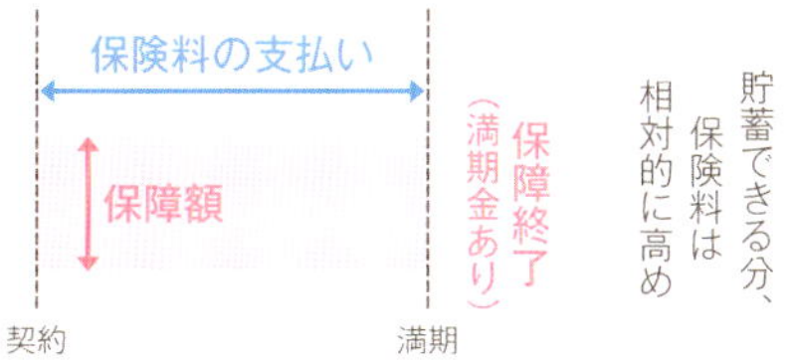

保険料の支払い
保障額
保障終了
（満期金あり）
契約
満期
貯蓄できる分、保険料は相対的に高め

子育て中は定期保険で
大きな保障をつけ、
生涯を通してほしい保障には
終身保険を活用するのも◎
定期
終身
養老
ライフプランに合わせ、上手に組み合わせて

4つの定期保険

定期保険は、さらに以下の4タイプに分かれます。

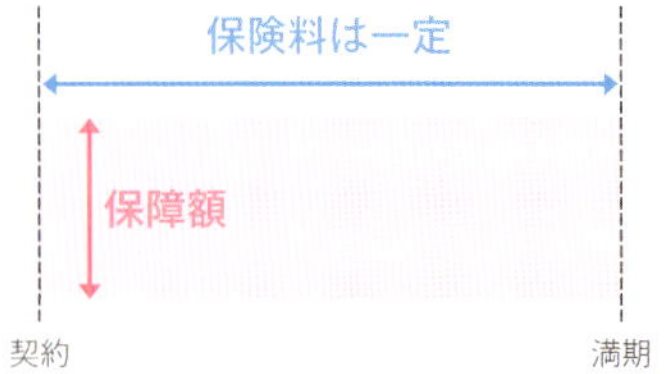

全期型定期保険

保障額や保険料が満期まで一定。月の保険料は更新型より高めですが、同期間加入した場合の総支払額は安くなります。

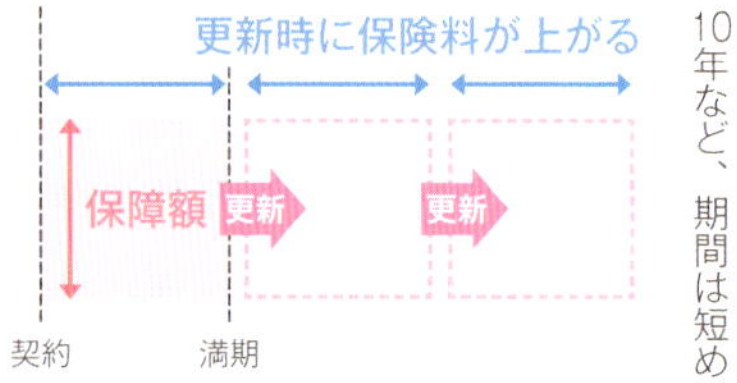

更新型定期保険

満期時に更新できるタイプ。加入時の保険料は安めですが、更新時に見直され、年齢とともに上がります。

逓減《ていげん》型定期保険

保障額が年々減ってゆく、ライフスタイルの変化に合わせた保険です。保障額が減る分、保険料は全期型と比べて安めで、満期まで一定です。

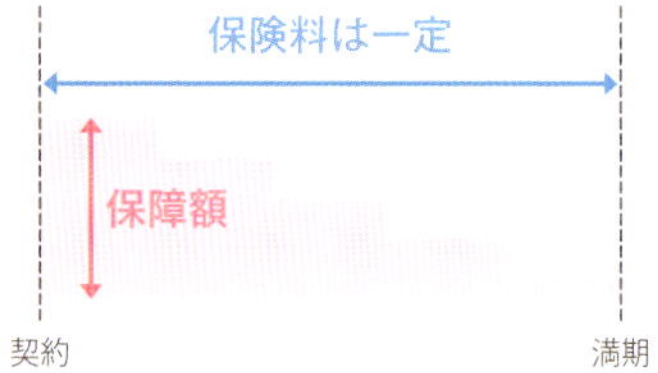

収入保障保険

死亡時から満期まで、保障額を毎月（年）受け取ります。満期までの期間が短くなるほど受取総額が減り、多くの場合、満期前の1～10年は保険金が確実にもらえる確定保証期間になっています。

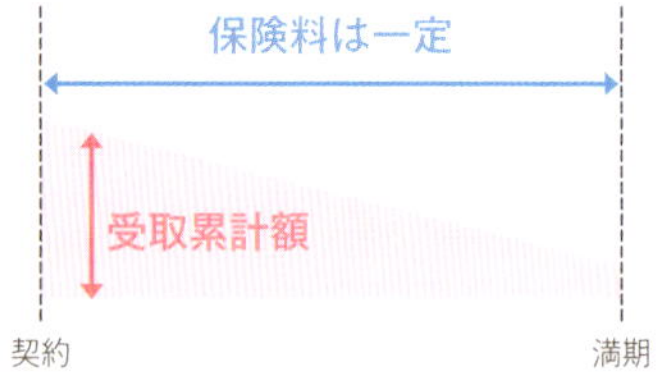

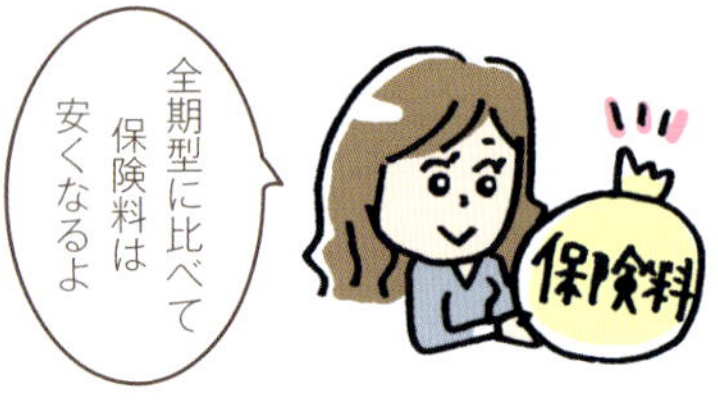

例 毎月の保障額が30万円、満期が60歳の場合

［40歳で死亡した場合の受取総額］
月30万円×240ヵ月（20年間）＝7,200万円

［55歳で死亡した場合の受取総額］
月30万円×60ヵ月（5年間）＝1,800万円

生命保険の上手な活用法

年齢とともに保障額を見直したり、保険を組み合わせるなど、様々な工夫ができます。

年齢とともに必要保障額を下げる

貯蓄が増えたり、子どもが成長していくのに従って、必要な死亡保障額は減ります。家族やライフスタイルの変化に合わせ、保険を見直しましょう。

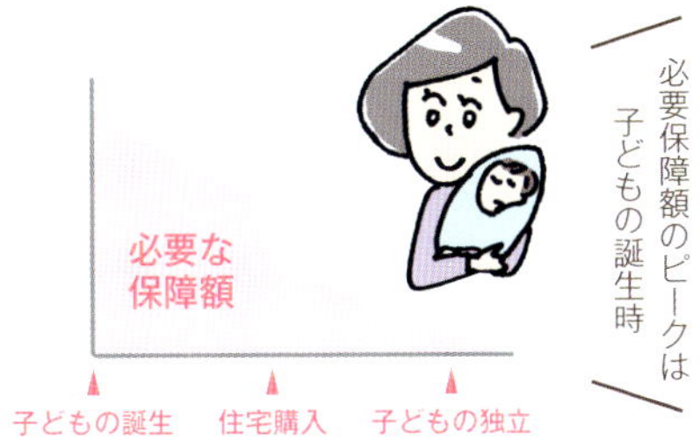

住宅ローンを組んだ時に団体信用生命保険（→ P104）に加入していれば、ローン契約者の死後のローン残高は相殺されます。団信加入後は住宅費の分を保障額から外しても OK。

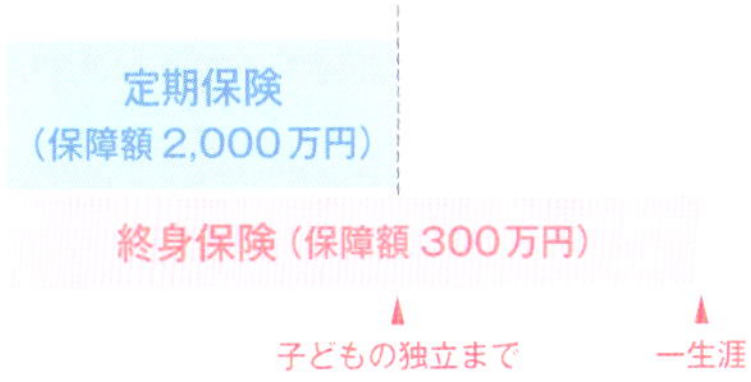

定期・終身保険を組み合わせる

葬儀代など、最低限の保障は終身保険にし、子どもの独立までは定期保険と組み合わせ、保障を厚くするのも効果的。

保険料の支払いが苦しくなったら

保険料の払い込みを中止し、解約返戻金をもとに保険を変えることで、解約せずに保障を続けられます。その他、同じ保険で保障額を減らす、特約をなくすなどでも対応可。

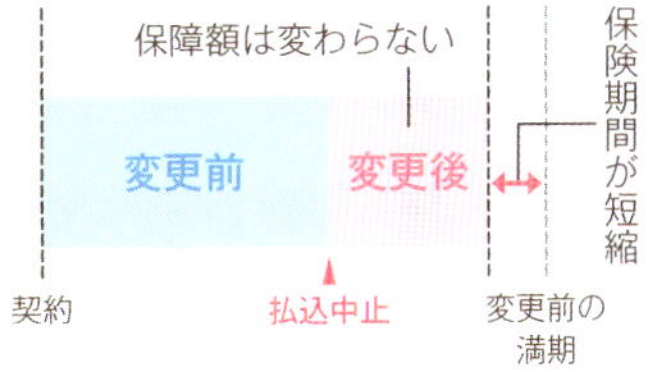

延長保険に変更する

解約返戻金をもとに、保障額が同じで保険期間が短い保険に変更します。

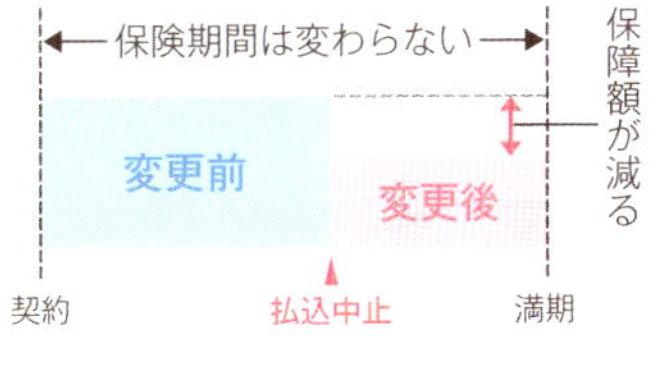

払済保険に変更する

解約返戻金をもとに、保険期間が同じで保障額が少ない保険に変更します。

保険

医療保険の種類と選び方

豊富な保障内容から自分に合うものを選ぶ

病気やケガの入院、手術などを保障する医療保険は、生命保険会社や損害保険会社などが扱っています。公的保険の不足分を医療保険で補い、自分や家族の状況を踏まえて、必要なら特約をつけましょう。また、入院時は医療費以外の出費もあるので、別口座にお金を用意し、家族が引き出せるようにしておくと便利。

医療保険の特徴

契約内容によりますが、以下のメリット・デメリットがあります。

メリット

・実際にかかった医療費の額に関係なく、決まった額が支給される
・差額ベッド代や先進医療が対象になる保険もある

デメリット

・通院だけでは支給されない場合もある
・給付日数や給付額に上限がある

加入は健康なうちに

加入の際、持病や健康診断の指摘があったり、妊娠していると、保障内容に制限や条件がついたり、加入自体が難しくなったりします。加入時の年齢が上がるほど保険料も高くなるので、若くて健康なうちに加入するのがオススメ。

医療保険の種類と内容

病気全般やケガに備える保険と、がんや女性特有の病気（子宮筋腫・乳がんなど）に備える保険があります。特約をつけて保障内容を増やすこともできます。

医療保険（主契約）

- 医療保険
- がん保険
- 介護保険
- 特定疾病保障保険（がん・脳卒中・急性心筋梗塞の三大疾病が対象）

など

＋

医療特約

- 通院特約
- がん特約
- 女性疾病特約
- 先進医療特約
- 生活習慣病特約
- 介護特約 など

公的な介護保険は様々なサービスを現物で支援してくれますが（→ P87）、民間の介護保険は現金で支給されるため、自分のニーズに合わせて自由に使えます。

入院や手術などを保障

基本的な保障は入院時や手術時の給付金で、保険によって保障項目や条件が変わります。

給付金の例

入院給付金	入院１日につき給付金が出る
手術給付金	手術の内容に応じて給付金が出る
通院給付金	入院後、同じ病気の治療で通院した時などに支給
先進医療給付金	先進医療による治療を受けた場合に支給

女性疾病特約などが
付加されている場合は
上乗せで支給されます

保険期間と保険料の払い方

期間と保険料の払い方は、それぞれ大きく分けて２つあります。終身型や短期払いの方が月々の保険料は高めですが、老後に支払いの負担がなく、保障が続いて安心です。

保険期間

定期型	満期が来たら保障が終わる
終身型	一生涯保障が続く

保険料の払い方

短期払い	保険期間満了より前に払い終える
終身払い	一生涯払い続ける

がん保険の選び方

がんが不安な人は、がん保険や特約の加入を検討しましょう。医療保険に特約でつけると保険料が安くなることが多いですが、主契約を解約すると保障が消えるので注意。

がん診断給付金がポイント

がんは入院日数が短く（入院しない場合も）、治療法によっては数百万円かかることも。入院に関係なく、がんと診断されるともらえる給付金は、治療の大きな支えに。

給付金
診断されても入院しないともらえない場合もあるので、支給条件は必ず確認を

加入しても保障されない期間がある

一般的ながん保険は、加入後３ヵ月ほど保障されない期間があり、この期間中にがんの診断などを受けても給付されません。いつから保障されるのかを確認しましょう。

女性の保険の選び方

帝王切開や乳がんなど、女性特有の病気での入院や手術の給付金がアップ。

基本の医療保険に入り、不安なら女性特約で補って
医療
女性特約

保障を手厚くしたいなら特約を

女性特有の病気でも医療保険で補うことができるので、必ずしも付加しなくてもOK。また、妊娠中の加入は条件がつくこともあるので注意。

先進医療特約について

先進医療の技術料は全額自己負担。特約で保障をつけておくと安心です。

先進医療の治療費は高額になる場合も

保険料は安めなのでつけると◎

先進医療の特約保険料は、ほとんどの医療保険で月100円程度です。治療のための交通費や宿泊費が、保障の対象に含まれるものもあります。

医療保険を選ぶ時のチェックポイント

以下の項目をもとに、最適な保険かをチェックしましょう。

❶保障額

1日あたりの入院給付金や手術給付金が最適か確認しましょう。子どもがいる場合は、夫婦それぞれで5,000円ずつプラスすると安心。

入院給付金（1日あたり）の目安

夫：会社員	夫：自営業	妻：会社員	妻：専業主婦
5,000～1万円	1～2万円	5,000～1万円	5,000円

❷保険期間

高齢になるほど医療費はかさむので、保険期間が途中で終わる定期型より、一生涯続く終身型の方がオススメです。

❸入院の保障開始日

最近は入院日数が短くなっているため、入院4～5日目から保障されるものだと給付金が受け取れないことも。診断や通院、日帰りや短期の入院でも受け取れるかをチェックしましょう。

❹入院日数の上限

高齢になってからの入院は長引くので、1回の入院の限度日数は60～120日を目安に選びましょう。

❺保険料と支払期間

必要な保険をつけることが第一ですが、家計や貯蓄を圧迫するほどの高額な保険料なら見直しを。また、60歳までに保険料を払い終えるタイプだと定年後の保険料の支払いがなく、その分支出を抑えられます。

夫の保険に妻の医療保障を特約でつけると、別々に加入するより保険料が安くなりますが、一般的に妻の保障は夫の6割程度になります。離婚時や夫の死亡時に妻の保障がなくなることもあるので、別々に加入する方がオススメです。

保険

損害保険の種類と選び方

自然災害や事故などの損害にも備えよう

火災や地震、交通事故などの被害は、状況によっては何百万〜何億円ものお金が必要になります。病気やケガだけでなく、これらの損害にも備えておきましょう。保険の種類や条件によって補償範囲が変わるので、必要なものが補えているか、きちんと確認を。受けられる控除についても把握しておきましょう。

こんな時はこんな保険に

・自転車で移動中、人にぶつかってケガをさせた
→個人賠償責任保険・自転車保険

・買い物中にお店の商品を壊した
→個人賠償責任保険

・子どもがケガをした、子どもが他の人にケガをさせた
→普通傷害保険・個人賠償責任保険

・大事なものを盗まれた
→火災保険・動産保険

被害時に受けられる控除

年間所得1000万円以下の場合、いずれかの控除が受けられます（1000万円を超える場合、雑損《ざっそん》控除のみ受けられます）。どちらが有利かを計算しましょう。

災害減免法
・災害による建物や家財の損害が対象
・税額控除が受けられる

雑損控除
・災害に加え、盗難や横領による損失も補償
・所得控除が受けられる

火災保険

火災をはじめ、風災や水災などを補償するのが火災保険。災害時に住宅を守るため、加入しましょう。また、地震による火災は地震保険（→ P158）での補償になるので注意。

2つの火災保険の補償範囲

火災保険には「住宅総合保険」と「住宅火災保険」があり、補償範囲が異なります。

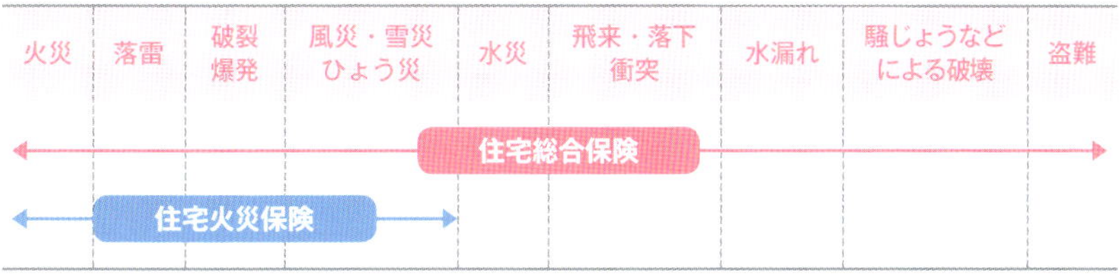

建物と家財で別々の補償が必要

火災保険・地震保険は、建物と家財が別の損害として扱われます。また、30万円を超える貴金属や美術品などは、さらに別枠で補償をつける必要があります。

賃貸の場合、建物は家主が保険に加入しているので、家財保険のみでOKです。また、契約時に火災保険に加入している場合もあるので、重複して加入しないように確認しましょう。

契約金額は再調達価額で決める

建物の時価か、再調達価額（同じ建物を再度建てる場合の必要額）で契約金額を決めます。時価の場合、消耗分が引かれるので、再調達価額で決めましょう。

例 新築を2,000万円で購入した場合

時価の保険金 1,500万円

2,000万円－（消耗分）500万円で計算

再調達価額の保険金 2,000万円

※上記は一例で、消耗分の額などはケースによって異なる

地震保険

地震や噴火・津波などの損害に備える保険です。火災保険とセットで加入することになり、地震保険のみの加入はできません。火災保険加入後に、後からつけるのも可能です。

補償額は火災保険によって決定

火災保険の保険金額の 30～50%（上限額は建物が 5,000 万円、家財が 1,000 万円）が補償されます。保険料は地域と建物の構造によって決まります。

受け取れる保険金

全損　：100%
半損　：50%
一部損：5%

被害の大きさで
変わります

地震保険は所得税・住民税の控除が受けられます（セットで加入している火災保険は対象外）。年末調整（→ P24～）や確定申告（→ P26～）で控除を受けましょう。

個人賠償責任保険

人にケガをさせたり、買い物中に商品を壊した時などを補償してくれます。保険会社に連絡せず、被害者に弁償などの約束を交わすと保険金が出ない場合があるので注意。

クレジットカードの
会員専用保険でも
入れるよ

子どもがものを
壊した時も
補償されます

火災保険などの特約で加入する

自動車保険や火災保険、傷害保険などの特約として加入するのが一般的。重複して加入しないよう、気をつけましょう。

本人の家族も補償対象に

加入者に加え、家族も補償の対象になることが多いので、子どもがいる場合は加入しておくのがオススメです。

クレジットカードの「買い物保険」は、購入した商品の破損や盗難を補償してくれます。特に手続きをしなくてもカードについている場合があるので、補償内容を確認しましょう。

自動車保険

強制加入の自賠責保険と、それを補う任意保険があります。交通事故で他人を死亡・障害状態にさせると億単位の損害賠償を負う場合もあるので、運転する人は加入を。

必要な保険を組み合わせる

自賠責保険は車の購入時に加入手続きをし、任意保険は損害保険会社で加入します。

			補償内容
強制保険		自賠責保険	交通事故で他人にケガを負わせたり、死亡させてしまった場合を補償する。保険金の上限はケガは120万円、死亡は3,000万円
任意保険	相手への賠償	対人賠償保険	交通事故で他人にケガを負わせたり、死亡させてしまった場合、自賠責保険の補償額を超える分の保険金が支払われる
任意保険	相手への賠償	対物賠償保険	交通事故で他人の自動車や建物などに損害を与えた場合を補償
任意保険	自分のケガへの賠償	人身傷害補償保険	交通事故でケガや死亡した時、過失割合に関わらず、損害額が支払われる。歩行中の事故などの補償もつけることができる
任意保険	自分のケガへの賠償	搭乗者傷害保険	自動車に搭乗する人（運転者や同乗者など）が事故で死亡したり、ケガを負った時に、一定額の保険金が支払われる
任意保険	自分のケガへの賠償	自損事故保険	運転ミスなどによる自損事故での死亡やケガを補償する
任意保険	自分のケガへの賠償	無保険車傷害保険	対人賠償保険に未加入など、賠償資力が不十分な車に衝突され、運転者や同乗者が死亡・後遺障害になった時に保険金が支払われる
任意保険	車の補償	車両保険	事故で自動車が損害を受けた時、保険金が支払われる

優良ドライバーほど保険料が安くなるよ
ゴールド免許
保険料

リスクが低い人ほど安くなる

運転手の年齢や走行距離、事故歴などで保険料が決まります。エアバックなどの安全装置つきの車やゴールド免許保有者など、事故リスクが低いと安くなります。

運転手を「夫婦だけ」「30歳以上」などと限定すると、保険料が安くなります。友人の車などを運転する時は、保険料が1日500円程度で、運転する日数だけ入れる保険を使うと◎。

保険

保険料を安くする方法

保険金

必要な保障のみにし オトクな割引を活用

余分な保障で毎月１万円多く保険料を払っていた場合、40年で４８０万円も無駄にしてしまいます。そんな事態を防ぐため、まずは不要な保障や特約を外して必要な保障のみにし、保険料の無駄をなくしましょう。割引の効く払い方や保険料が安い商品を活用することで、保険料を安くすることもできます。

収入保障保険を活用

加入年数とともに保障が減ってゆく収入保障保険（→Ｐ１５０）は、全期型の定期保険より保険料の総支払額が安くなります。保険料を抑えながら、必要な時に厚い保障が得られるので便利です。

ライフスタイルの変化とともに、保障が小さくなるので便利！
DOWN
保障額

健康な人は割引される

リスク区分型の保険では、血圧やＢＭＩ値が良好など、一定の基準を満たすと保険料が割引されます。また、タバコを吸わない人や優良運転者も、保険料が割引されることがあります。オトクな割引が受けられる保険を探してみましょう。

健康＋非喫煙で保険料が下がるよ

保険料を安くするには？

保険によって、様々な割引が利用できます。色々調べて活用しましょう。

保険料を年払いにする

半年分・1年分など、保険料をまとめて払うと割引されることがあります。契約時に支払い方法と割引について確認しましょう。

前納した場合も保険料の控除は毎年受けられます

全期前納（契約時に満期までの保険料を一括で払う）をすると、さらに大きな割引を受けられることがあります。

保障額や支払い条件など自分できちんと確認して加入しましょう

ネット系の保険を利用する

ネット系の保険は、店舗などがない分コストが抑えられており、保険料が安くなっています。対面販売に比べ、商品が少ないというデメリットに注意。

会社の団体保険を利用する

勤め先が団体保険を扱っている場合、団体割引で保険料が安くなる場合があります。会社で手続きでき、給与天引きで保険料を支払うことになります。

団体保険の保険料が「5年・10年単位」や「年齢に関係なく一律」だと割高になることも。また、退職後に保険を継続できないこともあるので、個人の保険と組み合わせるのが◎。

保険

保険の見直し方

生活の変化に合わせ保険を見直そう

ライフスタイルや家族構成、年齢などの変化に合わせて、必要な保険や保障額は変わります。不要な保険料を払わなくて済むよう、保険は定期的に見直しましょう。また、保険を減らすのは簡単ですが、増やすには加入条件をクリアしないといけないなど、難しい場合も。見直しは慎重にしましょう。

保険を変更するには？

①保障を増やす

・追加で新しい保険に加入する
・特約を追加でつける

②保障を減らす

・保障額を減らす
・つけていた特約を解約する

③他の保険に変える

・これまでの保険を解約し、違う保険に加入し直す（保障が切れないよう、新しい保険に加入してからこれまでの保険を解約すると◎）

保険の受取人に注意

シングルの時に保険に加入すると、受取人を親にする場合が多いでしょう。しかし、結婚後もそのままにしていると、保険金の受け取りが親のままになります。結婚したら、受取人を配偶者に変更しましょう。

保険を見直すタイミング

結婚や出産、住宅購入など、大きなライフイベントの時には保険を見直しましょう。転職や退職、収入が大きく変化した時も見直すのがオススメです。

必要な保障額の変化（イメージ）

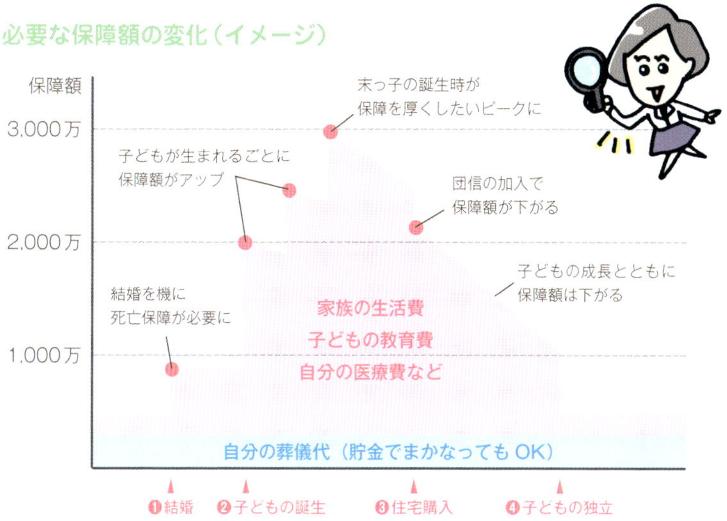

❶結婚した時

医療保険のみに加入していた人は、生命保険の加入が必要かを検討しましょう。妻が専業主婦になる場合は、夫の医療・死亡保障を厚くすると安心です。

❷子どもが生まれた時

子どもが生まれると、今後の生活費や教育費の必要額が増えます。子どもや家族が安心して暮らせるよう、生命保険の保障額などを増やしましょう。

❸住宅を購入した時

住宅ローンを組み、団体信用生命保険（→P104）に加入すると、死亡時に住宅ローンの返済がなくなります。生命保険の保障額を減らしましょう。

❹子どもが独立した時

子どもの養育費や教育費がなくなった分、保障を減らせます。老後に向けて、医療保険や老後生活の備えがしっかりできているか、確認を。

転職などで会社員から自営業に変わった場合、公的保障の範囲が変わります（→P145）。医療保険や生命保険の保障額を厚くするなどして、万が一の時に備えましょう。

column

その他の保険を有効活用

旅行やペットなどに関する保険もあります。自分のニーズや暮らしに合わせて選びましょう。

海外の治療費は数百万円かかることもあるので注意！
保険

海外旅行保険で旅を安心に

海外旅行中のケガや病気、ものの破損などを補償します。病院や医師の予約・紹介、電話通訳のサービスなどもあります。

クレジットカードに海外旅行保険がついている場合もあります。カードによって補償内容は異なるので、旅行前に確認しましょう。

ミニ保険で保障をプラス

ミニ保険（少額短期保険）を活用すると、メインの保険で補えない保障を、安い保険料で得られます。

ミニ保険の例

自転車保険	自転車通勤・通学の事故などを補償
ペット保険	ペットの治療費や手術費などを保障
チケット保険	病気や急用などでイベントに参加できなくなった時のチケット代を補償

保険料も
月額数百円～など
お手軽！
ミニ保険

ミニ保険は、各種保険料控除の対象にはならないので注意を。

第４章

賢く増やすお金

礼子さん、マイホームはどうなりました？
夫と資金計画を立てて物件を探しているところ
もう営業マンの手口にはのらないわ
隅々までしっかりチェック!!
新築 000万!
いいなー 私もいつかは…
ん？
新築 3000万円～
こ、これは…
はじめての投資
投資!?
あら～ バレちゃった？
ふふ
実は投資デビューしようかなって

え～投資なんて…
怖い…危ないよーー…
大丈夫!!
森先生のセミナーで投資の基本を学んでるから
ちゃんと調べているし
それに、今の時代はただ預金してるだけじゃダメなのよ
今は低金利だから、預金が2倍になるのにこんなに時間がかかるの
72の法則
72÷金利
＝元本が倍になるのに必要な年数
金利
0.02%
3600年
72÷0.02＝3600年もかかる！
私…生きてない…
でも、もしこれを年利3%で運用できれば…
ぎゅーん
3%
24年
72÷3＝24年で2倍に！
あっ、すごいっ!!
年利3%

昔は預金の金利も高かったから、預けるだけでお金も増えたけど
今はただ預けているだけじゃ増えないのよ
母さんはよく貯金しなさいって言ってたけど
貯金！
それだけじゃダメなんだね
時代に合わせて貯め方や増やし方を工夫しましょう
こんにちはー
先生!?
最近、投資の基礎を教えてもらってるの〜
ふふ
いつの間にっ
「貯める」「減らさない」がうまくできるようになったら…
お金のピラミッド
増やす
貯める
減らさない
次は「増やす」にチャレンジ！

でも…やっぱりちょっと難しそう…
できるかな…
きちんと貯蓄を確保した上で投資をすれば安心ですし
500
投資
貯蓄
今は月々500円から積立てられるものもありますよ
少額でできる投資商品にはこんなものがあります
少額でできる投資商品
投資信託積立 500円〜5,000円など
プチ株 500円〜（株式を１株単位で購入できる）
純金積立 月1,000円〜
るいとう（株式累積投資） 月1万円など
へ〜〜〜
最小単元株数の1／10単位で売買できるミニ株もあるわよ
1/10
今、投資をするならNISA《ニーサ》（↓P186〜）を使うといいですよ
NISA?
NASA?

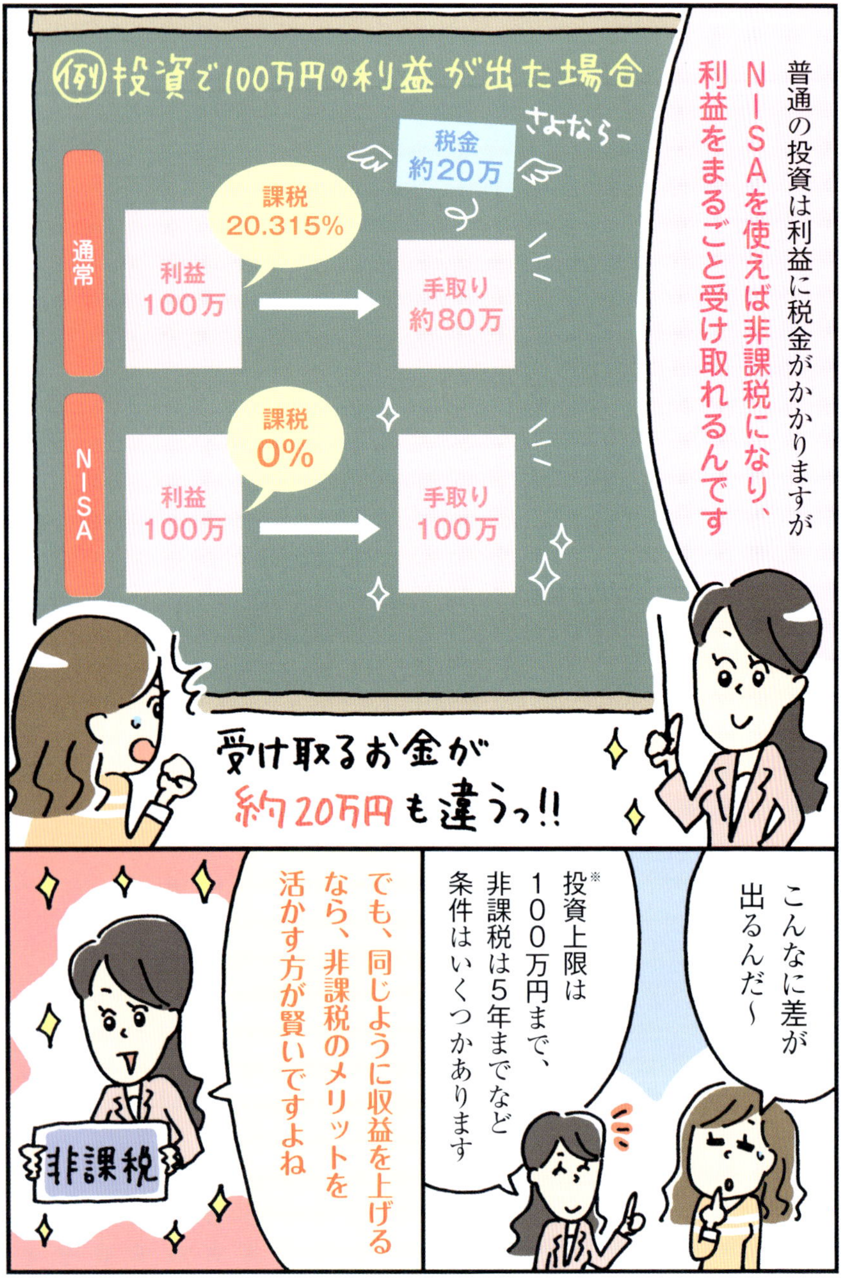

※現在、非課税限度枠の拡大などが検討されている

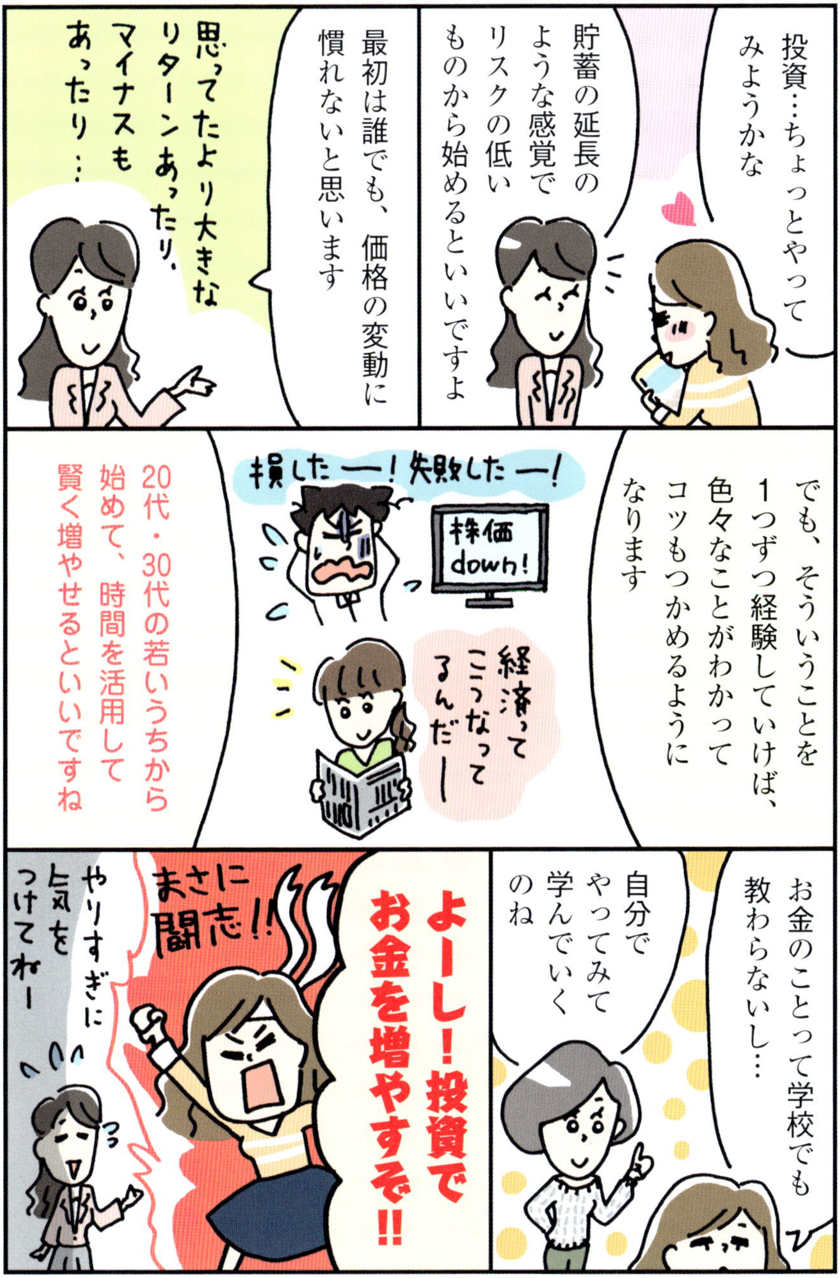

投資…ちょっとやってみようかな
貯蓄の延長のような感覚でリスクの低いものから始めるといいですよ
最初は誰でも、価格の変動に慣れないと思います
思ってたより大きなリターンあったり、マイナスもあったり…
でも、そういうことを1つずつ経験していけば、色々なことがわかってコツもつかめるようになります
損したー！失敗したー！
株価down!
経済ってこうなってるんだー
20代・30代の若いうちから始めて、時間を活用して賢く増やせるといいですね
お金のことって学校でも教わらないし…
自分でやってみて学んでいくのね
よーし！投資でお金を増やすぞ!!
まさに闘志!!
やりすぎに気をつけてねー

投資

投資の基本

収益が期待できるのが投資の魅力

貯蓄も投資も将来の資産づくりの手段です。貯蓄は元本割れリスクが低く、お金を安全・確実に貯めることができます。一方、投資は今あるお金を使って収益を得ることが目的で、貯蓄にはない高い利回りを期待できます。ただし、投資は運用次第でマイナスになることも。投資の基本を理解し、上手に活用しましょう。

リスクとリターン

リスクとは、自分が投資した結果が不確実であること。具体的には収益（リターン）のブレを指し、ブレが大きい＝リスクが高い、ブレが小さい＝リスクが低いといいます。リスクとリターンは表裏一体で、リターンはプラスもあればマイナスもあります。

リターンが
大きい資産ほど
リスクも高まるよ
リターン
リスク

投資の始め方

株式や投資信託など、どのような金融商品を利用したいかを決め、金融機関を選びましょう。窓口のある金融機関では、対面で相談ができます。一方、ネット証券などは手数料が安いなどのメリットも。自分に合うものを選びましょう。

取り扱い商品に加え、
取引システムなども
比較して選ぼう
ネット証券

$
債券

資産ごとのリスクとリターン

資産によってリスクとリターンが変わります。最初はリスクの低いものから始め、慣れてきたらリスクの低いものと高いものを組み合わせて運用しましょう。

リスクとリターンのイメージ

リターン 高

国内債券
（→ P180～）
利回りは低いが、安全性が高い。個人向け国債など

外貨預金
（→ P183）
日本の預金より高い金利で運用できるが、為替変動リスクもある

外国債券
（→ P183）
国内債券より利回りが高めだが、為替リスクがある

国内株式
（→ P178～）
値上がり益や配当が期待できる。リスクは高め

J-REIT（不動産投資信託）
（→ P186）
日本の不動産に投資する投資信託。賃貸収入や売買益を分配する

外国株式
（→ P183）
値上がり益や配当が期待できる。為替変動リスクもあり、国内株式よりリスクが高めに

海外REIT
（→ P186）
海外の不動産に投資し、賃貸収入や売買益を分配。為替変動リスクもある

リスク 高

価格変動リスク
投資した資産の価格が動くこと

金利変動リスク
金利の変動によって、債券の価格が動くこと

為替変動リスク
円と外貨の為替相場の変動によって、外貨建て資産の価値が変わること

信用リスク
債券などの発行体の財政難などで、債務不履行になる可能性があること

投資初心者の人は、投資信託（→ P184～）を活用するのもオススメ。少額から始められ、多くの株式や債券などに分散投資できるので、リスクを抑えられます。

投資のポイント

余裕資金でじっくり取り組む

お金を増やすために投資を始めたら、早く結果を出したい！と誰もが思うもの。しかし、焦って一気に高額をつぎ込んだり、ハイリターンを狙って投資先をしぼったりすると、リスクも高くなります。投資は結果が出るまでにある程度の時間がかかるもの。リスクを抑えながら長期的に取り組むことが重要です。

投資は余裕資金で行う

投資は元本割れなどのリスクがあるので、短期間で期待通りの成果が出るとは限りません。半年～1年分の生活費や、近いうちに使うお金はしっかり確保し、老後資金の一部など、時間的にも十分余裕がある資金で行いましょう。

住宅購入費や教育費など確実に貯めたい費用は定期預金などの安全な資産で準備しましょう

同じ資産にかたよらない

違う会社の株を持っていても、それらが同じ業種（自動車会社など）であれば、あまりリスク分散にはなりません。外貨や投資信託にも同じことがいえます。異なる値動きのものを組み合わせ、投資先がかたよらないようにしましょう。

好きだからといって似たような銘柄ばかり買わないように

分散投資でリスクを抑える

どんな資産にもリスクがあります。投資対象を１つにしぼると、マイナス時に自分の資産の損失が大きくなります。様々な投資対象を組み合わせ、リスクを分散させましょう。

買う資産を分散する

投資先を大きく分けると国内債券、外国債券、国内株式、外国株式の４つ。他に不動産や商品（金など）もあります。P173も参考に、バランスよく投資しましょう。

債券
株
株を20％、債券を30％など投資割合を変えてバランスを取ると◎

「株価が上がると債券が下がる」というふうに、一般的に株と債券の価格は常に反対の動きを見せます。株と債券の両方を持つことで、片方のみの時よりリスクを減らせます。

1つの外貨だけでなく、複数国の外貨があるとさらに◎

お金を円と外貨に分散する

円と外貨を持っていると、円安（→P182）で円の価値が下がった時、相対的に外貨の価値が上がり、資産の目減りをカバーできます。金利が日本より高い点も魅力。

買う時間を分散する

いい銘柄だからと一気に全額投資すると、それが下がった時に大きな損失を生みます。先の値動きはわからないので、時期をずらして少しずつ購入するのが◎。

1月
2月
3月
4月
購入
購入
時期を分けて購入しましょう

国内外の株や債券など、値動きの異なる資産を組み合わせて運用する「バランスファンド（→P184）」なら、簡単で手軽に分散投資ができます。

長期投資でリスクを抑える

1年などの短期間で見るとリターンのブレが大きくなるケースもありますが、10年などの長期で保有しているとブレが小さくなる傾向に。投資は長期で取り組みましょう。

少額をコツコツ積立てる

まとまったお金を投資につぎ込むと、値下がりした時のマイナスも大。毎月少額をコツコツ積立て、リスクを抑えながら投資額を増やしていくのがオススメ。

時間をかけて投資する

刻々と変わる株価などに振り回されると、ギャンブル性が強くなり、リスクの高い資産を選びがちに。短期間の動きに惑わされず、じっくり運用しましょう。

毎月決まった額で購入する

積立投資をする際、毎月「定量」を購入するより、「定額」で購入することで、購入単価を下げることができます（ドル・コスト平均法）。

例 毎月10口の定量購入と、毎月1万円の定額購入をした場合

	購入月	1月	2月	3月	4月	5月	合計	購入単価
	価格（1口）	1,000円	1,100円	1,200円	800円	900円		
定量購入	購入額	1万円	1.1万円	1.2万円	8,000円	9,000円	5万円	1,000円
	購入数	10口	10口	10口	10口	10口	50口	
定額購入	購入額	1万円	1万円	1万円	1万円	1万円	5万円	約980円
	購入数	10口	9.1口	8.3口	12.5口	11.1口	51口	

※購入時のコストなどは除く

自分に合う投資は？

どの資産にどのくらいの割合で投資するかで、リスクやリターンは大きく変わります。以下の３つのタイプや株の比率などをもとに、投資バランスを考えてみましょう。

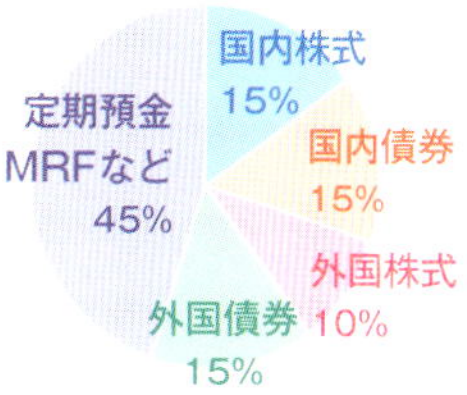

安定重視タイプ

安全性の高いMRFや債券で土台を固め、国内と海外の株を取り入れることで、安定的に運用します。

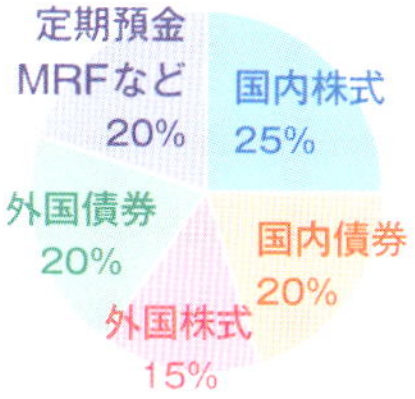

中立タイプ

株と債券を同じくらい組み入れたタイプ。株式比率が高い分、リスク・リターンが高くなります。

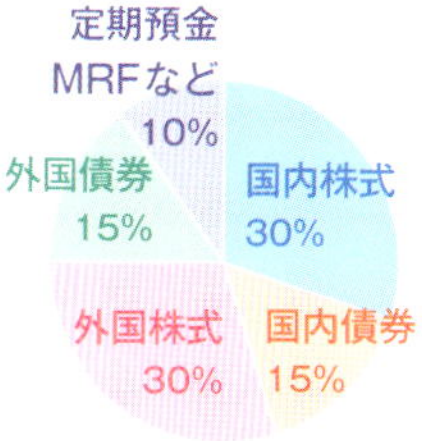

収益重視タイプ

高いリターンを期待して、株式に多めに投資するタイプ。３つの中でリスクも一番高くなります。

定期的にリバランスをする

分散投資を続けていくと、資産配分が変わることがあります。そのまま放置しているとリスクの高い状態になってしまうことがあるので、定期的に見直しましょう。

リバランスのイメージ

スタート時

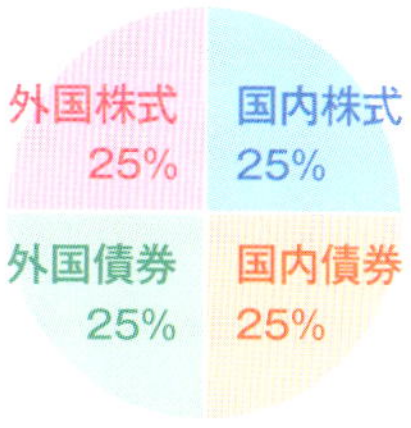

資産配分に変化が…

リバランス前

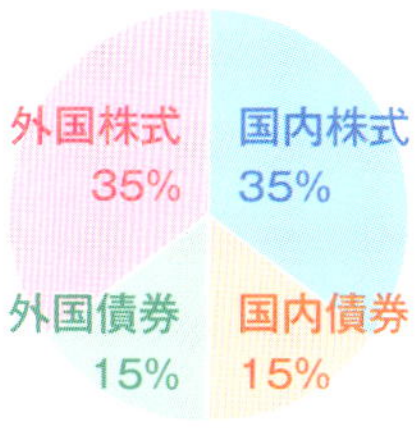

株の割合が増え、リスクが高い状態に

リバランスする

リバランス後

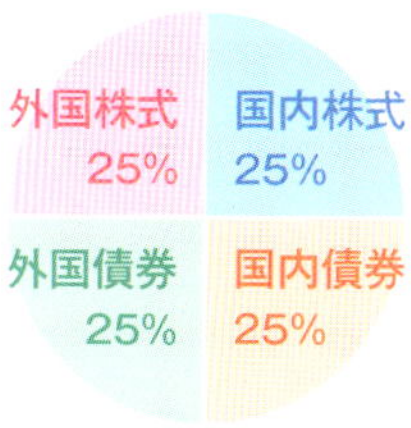

株を売却し、債券を購入して、バランスを戻しましょう

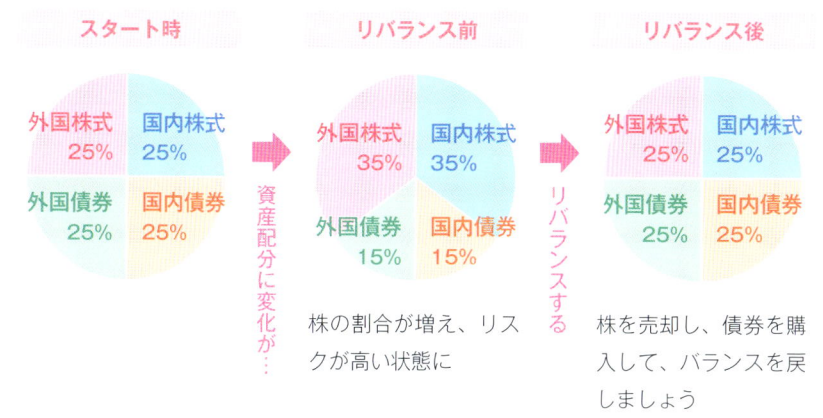

投資

株式投資のポイント

債券

銘柄選びや売買で収益が大きく変わる

株式とは、企業が事業資金を集めるために発行するもので、投資家が購入した後は投資家間で売買されます。値上がりした時の売却益や配当金などで利益を得ますが、値下がりや企業が倒産してしまうなどのリスクもあります。投資したい企業について調べたり、分散投資をすることでリスクを抑えましょう。

株の買い方

株の注文を取り次ぐ証券会社を通じて、株式市場（証券取引所）で取引します。売買価格を指定しない「成行《なりゆき》注文」と、指定する「指《さし》値《ね》注文」があります。株式市場が開いているのは9時～11時半（前場《ぜんば》）、12時半～15時（後場《ごば》）です。

成行注文
いくらでもいいから今買います
指値注文
○○円で買います

株はいくらで買える？

株の購入額は「株価×単元株数」で決まります。会社ごとに「単元」と呼ばれる売買単位が決まっていて、多くの場合100株や1000株単位で買えます。また、最低単元株数の1／10から買えるミニ株や、単元株数に関わらず1株から買える単元未満株もあります。

ミニ株や単元未満株が買える証券会社は限られるよ
ミニ株

株で得られる３つの利益

売買益以外に、株を保有することでもらえる利益や特典もあります。

株の値上がり益

買った株の値段（株価）が上がった時に売れば、その分の利益が得られます。

例 ５万円で購入した株を８万円で売った場合

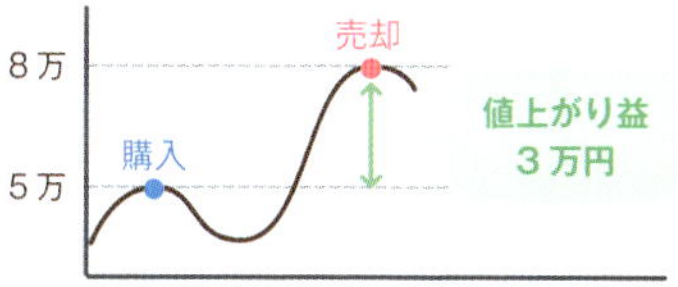

配当金

企業の業績が上がれば、利益の一部が受け取れます。受取額は持ち株数に応じて決まります。

例 １株で100円の配当金がもらえる場合

10株なら 1,000円
100株なら 1万円

株主優待

内容は企業ごとに異なり、自社製品や割引券、地域の特産品などがもらえます。

価格変動によって得られる利益（値上がり益など）を「キャピタルゲイン」、保有することによって得られる利益（利息や配当金など）を「インカムゲイン」といいます。

ルールをつくって売買する

株は買うタイミングより売るタイミングを見極める方が難しいといわれています。何のルールもないと判断に困るので、株価が下がった時の対処を決めておきましょう。

利益確定と損切り

値上がりした株を売ることを「利益確定」、値下がりした株を売ることを「損切り」といいます。どのくらい値動きしたら売買するか、あらかじめ決めておきましょう。

値下がりした株を持ち続けることを「塩漬け」といいます。塩漬けしていると、その間は運用する機会を失うことに。損切りしてでも運用を見直す方が効果的なケースもあります。

投資

国内債券のポイント

変動リスクも小さく安定的な運用が可能

債券とは、国や地方公共団体、企業などが資金調達のために発行する「借用証書（有価証券）」のことで、あらかじめ利率や満期日が決められています。国内債券は定期預金より金利が高めで、為替変動リスクもないことから、安定して運用したい資金に向いています。

国内の公共債は2種類

国内の公共債には、国が発行する国債と、地方公共団体が発行する地方債があります。地方債は1万円程度から買えるものもあり、国債より利回りが高いことも。また、その地域の住民などを対象に発行されるものもあります。

社債は格付けをチェック

企業が発行する社債は、利回りが1%以上のものもあり、公共債より高いリターンが期待できます。しかし、企業の破綻などで利子が滞ったり、元本が戻ってこない可能性も。企業選びは格付け（債券の信用度を表すもの）などをチェックし、慎重にしましょう。

※格付けの表記や基準は格付け会社によって異なる

債券の仕組み

債券を購入すると、半年ごとなど定期的に利子を受け取ることができます。満期（償還《しょうかん》）を迎えるとお金が戻ってきます。

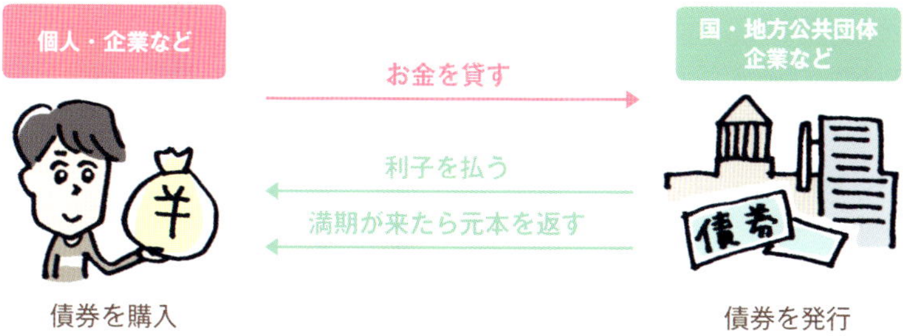

国債や地方債の他、一般企業が発行する「普通社債（事業債）」、元金と利子を政府が保証する「政府保証債」、海外の企業や政府が発行する「円建て外債」などがあります。

個人向け国債の種類と内容

個人向け国債は、個人投資家しか購入できない国債です。満期と金利が異なる３種類があり、全国の金融機関で購入できます。

	固定３年	固定５年	変動10年
満期	３年	５年	10年
金利	固定金利（基準金利※－0.03%）	固定金利（基準金利※－0.05%）	変動金利（基準金利※×0.66）（半年ごとに見直される）
金利の下限	0.05%		
利子の受取	年２回（半年ごと）		
購入方法	最低１万円。１万円単位で購入可能。発行は毎月		

※基準金利…直前に発行された一般の国債の金利をもとに計算されたもの

発行から１年が経過すれば、いつでも中途換金ができます。元本割れはしませんが、「直近２回分の各利子（税引前）相当額×0.79685」が差し引かれます。

投資

外貨投資のポイント

高い金利が魅力だが為替変動リスクも

円を外貨に替えて運用することを外貨投資といい、国内の資産と同じように預金や債券、株式などがあります。国内より高いリターンが魅力ですが、為替変動や手数料などで元本割れするリスクも。

円高と円安とは？

外貨に対し円の価値が相対的に高ければ「円高」、低ければ「円安」になります。円高なら外貨を安く購入できるので、円高の時に外貨資産を買い、円安の時に売れば、その分の利益が得られます。

円高・円安のイメージ

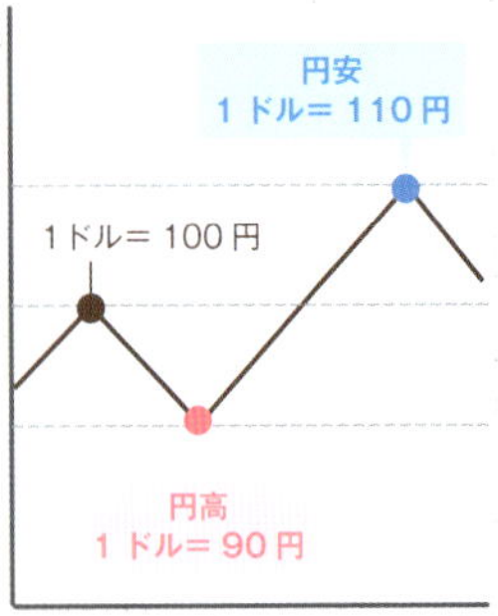

外貨の種類

外貨は大きく分けると2種類あり、通貨ごとに金利が異なります。数種類を組み合わせて投資することで、リスク分散ができます。

・**先進国通貨**
米ドル、カナダドル、豪ドル、NZドル、ユーロ、英ポンドなど

・**新興国通貨**
南アフリカランド、トルコリラ、ブラジルレアル、メキシコペソなど

外貨建て金融商品の種類

各商品の内容や特徴をよく理解してから購入しましょう。外国債券・外国株式などで運用する投資信託を活用し、分散投資をするのも◎。

	内容
外貨預金	円以外の通貨でする普通預金や定期預金。通貨によって金利が異なり、円預金に比べて高い金利のものが多い。外貨での元本を保証し、預金保険制度は対象外
外国債券	外国の政府や企業が発行する債券。金利は発行体や満期までの期間によるが、国内債券に比べて高いものが多い。発行元の経済や経営が悪化すると、元本や利息が受け取れなくなる恐れもあるので、格付け（→ P180）も考慮して選ぶのが大切
外貨MMF	安全性の高い債券などで運用される投資信託。利回りは外貨預金より高め。運用成果に応じて毎月末に分配金が元本に加えられるので、複利効果（→ P40）で効率よく運用できる
外国株式	海外の企業が発行する株式で、グローバル企業や配当利回りが期待できる企業も多い。国内の証券会社を通じて購入できる

為替変動リスクに注意

円高か円安かで運用益が変わります。利益を「為替差益」、損失を「為替差損」といいます。

例 1ドル＝100円の時に、100万円を年利1％の外貨預金に預け入れた場合

1ドル＝100円

100万円
＝
1万ドル → 年利1％ → 1万100ドル

円安：1ドル＝110円の場合
→ 111万1,000円

円高：1ドル＝90円の場合
→ 90万9,000円

円と外貨を替える時にかかる為替手数料は、金融機関によって異なります。円を外貨に替え、円に戻すというふうに往復でかかり、大きなコストになることもあるので事前に確認を。

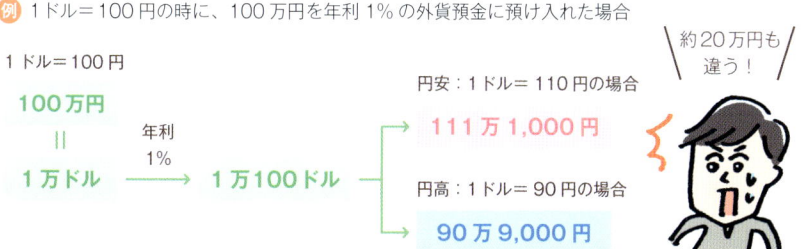

投資信託のポイント

国内外に手軽に投資できるのが魅力

投資信託とは、投資家からの資金をひとまとめにして、ファンドマネージャーという運用のプロが株や債券などに投資・運用するもの。国内外の株や債券など、様々な資産に分散投資できるのが魅力です。1万円程度から始めることができ、積立てなら毎月500円など、さらに少額のスタートも可能です。

バランスファンドとは？

投資信託には株式型や債券型など、様々な種類がありますが、初心者には国内外の株や債券・不動産などに投資先を分散させたバランスファンドがオススメ。リバランス（→P177）も運用会社がしてくれます。

自分で資産を組み合わせる手間が省けます

コストに注意！

投資信託のコストは主に3つ。中でも保有中ずっとかかる信託報酬が高いと、運用コストが上がります。購入する時はコストも確認しましょう。ネット証券なら、販売手数料が無料のノーロードも。

①購入時
販売手数料（0～5%程度）

②保有時
信託報酬（年率0.2～2%程度）

③解約時
信託財産留保額（年率0～0.5%程度）

投資信託の分類

投資信託は様々な項目で分類され、「追加型／国内／株式／インデックス型」などで表記されます。また、公社債投信はNISA（→P186～）では使えません。

投資対象

- 株式投信
  株式の組み入れが可能
- 公社債投信
  株式の組み入れが不可

購入方法

- 単位型
  募集期間中のみ購入可能
- 追加型
  いつでも購入可能

投資先

- 国内株式
- 外国株式
- 国内債券
- 外国債券
- 不動産
- 商品（金など）

運用スタイル

- インデックスファンド（パッシブ運用）
- アクティブファンド（アクティブ運用）

その他の投資信託

MRF	マネー・リザーブ・ファンドの略。安全性が極めて高い債券を中心に運用し、他の株や投資信託などの買い付けもできる。1円単位でいつでもお金の出し入れが可能
MMF	マネー・マネージメント・ファンドの略。安全性が極めて高い債券を中心に運用し、MRFより高い金利が期待できる。30日以内に解約すると手数料がかかる
ETF	日経平均株価や東証株価指数（TOPIX）などの指数に連動するように運用される、上場投資信託。証券取引所の取引時間中ならいつでも売買できる

インデックスファンドとアクティブファンド

投資初心者は、わかりやすいインデックスファンドから始めるのがオススメです。

インデックスファンド

日経平均株価やTOPIXなどの指数に連動するよう、運用します。運用成績がイメージしやすく、信託報酬などもアクティブファンドより低めです。

アクティブファンド

指数を上回る運用になるよう、ファンドマネージャーが銘柄を選んで運用します。リサーチなどが必要になるため、信託報酬は高めです。

運用コストが高いからといって、アクティブファンドがインデックスファンドより運用成績がいいとは限りません。過去の運用成績などをしっかり確認して、選びましょう。

投資

NISA活用術

税金が免除され オトクに投資できる

NISA《ニーサ》とは、2014年から始まった少額投資非課税制度のこと。通常、株や投資信託などで得た売買益や配当金、分配金には20％の税金がかかりますが、NISA口座で運用すると最長5年間、非課税になります。日本に住む20歳以上の人なら誰でも使え、投資の利益がそのまま受け取れるのが魅力です。

NISAが使えるもの

NISAの非課税枠は100万円で、その枠内なら複数の商品を組み合わせて購入できます。対象になるものは主に以下の4つです。

①国内（外国）上場株式（↓P178～）
②株式投資信託（↓P184～）
③REIT《リート》（上場不動産投資信託）
投資家から集めた資金で不動産を購入し、賃貸収入や売買益を分配
④ETF（上場投資信託）（↓P185）

未使用・売却枠は使えない

その年のNISA口座で80万円購入した場合、使わなかった20万円分を翌年以降に繰り越すことはできません。また、NISA口座で買った商品を売却した場合、売却で空いた枠で別の商品を買うこともできません。

NISAの仕組み

NISAの口座開設ができるのは2023年までで、毎年100万円が限度です。非課税期間は５年間で、毎年100万円利用すれば、最大500万円の非課税枠が使えます。

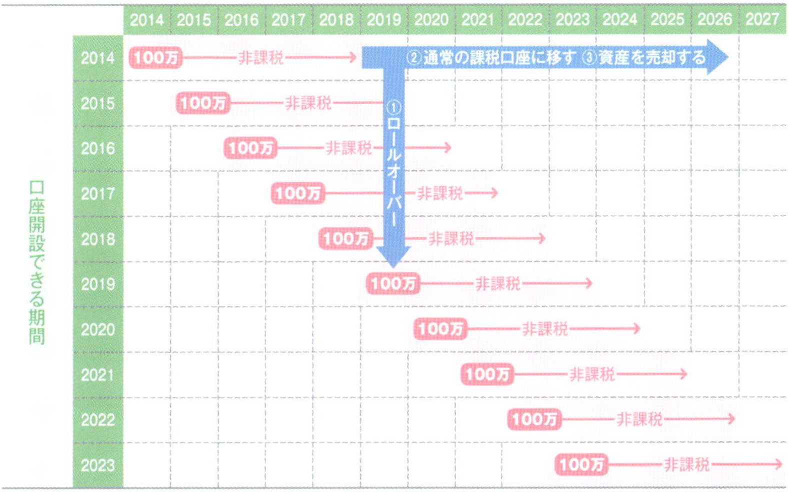

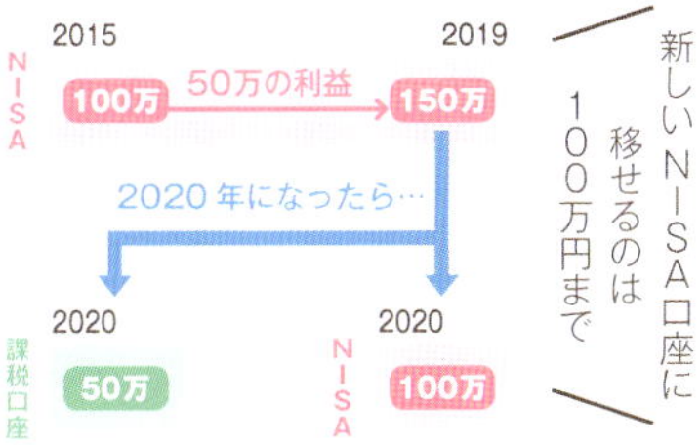

金融機関は毎年変えられる

NISA口座は銀行や証券会社、ゆうちょ銀行、信用金庫などで開設でき、毎年変えてもOK。しかし、ロールオーバーは同一の金融機関でしかできません。

ロールオーバーで非課税を延長

非課税期間５年が終了したら、「新規のNISA口座に移し、さらに５年間運用する（ロールオーバー）」「課税口座に移す」「資産を売却する」のいずれかを選択。

現在、非課税限度枠の拡大や、親や祖父母が子どもや孫の名義で投資できる「子ども版NISA」なども検討されています。

キレイなマンションね～
これ、お祝い
えへへ～
ありがとうございます
先生のおかげでちゃんと予算を立てて新生活が始められました
よかったですね
どんぶり勘定で貯金ゼロだった子がこんなに成長して…
やればできるんですっっ
そういう礼子さんも投資、うまくいってるんですよね
ふふ～
意外と面白くて…
新聞やTVで話題の企業や商品が出ると、株価とかを調べるようになっちゃった
今人気の
へー

この調子でマイホーム資金を着々と貯めるわよっ
ただいまー
おかえりー
あっ 久しぶり～
おじゃまします
近くまで来たので…
ライターのお仕事はどう？
どーぞ
おかげさまで順調で…
最近はお金の記事を書くことが増えました
え？
お金？
先生から年金のことを聞いて、自分でも調べてまとめた記事が好評で…
すごいですねー!!
FPの勉強もして、マネーライターを目指すつもりです！
おお～っ

ワイワイ
先生、どうかしました？
どーぞ
ありがとう
皆さんの姿を見ていたら色々なことを思い出して…
前に私のセミナーを受けてくれた人が…
私っ結婚しますっ
??
えっ!?
…って、言ったんです
その時は「お金のセミナーなのになんで?」って思ったんですけど
後になってわかったんです
お金って難しいし、考えたくないって思うこともあるけど
むずかしー
わからなーい
でもいつも私達の暮らしや人生につながっている…
ものを買ったり
未来のために貯金したり
BANK

お金を使うことは、自分の人生をつくること
結婚
老後
子育て
お金について考えることは、自分の人生を考えることになるんですよね
だからあの人も、結婚に真剣になったんだなって…
そんな人達を応援するために、FPの仕事をしているんだって…
また頑張ろうって気持ちになれました
じーん
先生…
いい話…
ずび
皆さんも本当によく頑張っていますよね
これからもお金のことを学んで、毎日を楽しくしていきましょうね
はい!!

［監修］森 朱美

ファイナンシャルプランナー（CFP®）／株式会社 家計の総合相談センター所属

大手自動車メーカー、グループ金融会社を経て、家計の総合相談センターに入社。東京・名古屋・大阪で CFP®、税理士、社会保険労務士などのお金の専門家のメンバーとともに来店型相談センターを運営。企業でのライフプランセミナー、上場企業向け確定拠出年金講師、各種マネーセミナーでの講演活動のほか、新聞・雑誌などの執筆、テレビ出演などを通じ、ライフプランや資産運用についてわかりやすくアドバイスしている。

http://www.happylife.ne.jp

［参考文献］
いちばん詳しくて、わかりやすい お金の基本（新星出版社）／結婚したらしっかり考えたいお金のこと（成美堂出版）／いちばんよくわかる！結婚一年生のお金（学研パブリッシング）／家計力がみるみるアップして一生お金の不安がなくなる本（エクスナレッジ）／20代のいま知っておくべきお金の常識50（マルコ社） 他

※本書の内容は2014年12月現在のものです。変更の可能性がありますので、最新情報については関連機関（財務省、国税庁、厚生労働省、日本年金機構、協会けんぽ、各自治体、各金融機関など）で確認してください

今さら聞けない スッキリ！

お金のギモンをなくす本

監修
森朱美
（株式会社 家計の総合相談センター）

イラスト
ヤマサキミノリ

カバーデザイン
長谷川有香（ムシカゴグラフィクス）

編集・本文デザイン
渡辺靖子（リベラル社）

編集人
伊藤光恵（リベラル社）

2015年1月25日　初版

編　集　リベラル社
発行者　隅田直樹
発行所　株式会社　リベラル社
〒460-0008 名古屋市中区栄3-7-9 新鏡栄ビル8F
TEL 052-261-9101　FAX 052-261-9134
http://liberalsya.com

発　売　株式会社　星雲社
〒112-0012 東京都文京区大塚3-21-10
TEL 03-3947-1021

印刷・製本　株式会社　チューエツ

ISBN978-4-434-20168-4